伟人的成长：鲁迅

陈漱渝　宋娜　著

中国青年出版社

图书在版编目（CIP）数据

伟人的成长：鲁迅 / 陈漱渝，宋娜著 . -- 北京：
中国青年出版社 , 2024. 12. -- ISBN 978-7-5153-7656-1

Ⅰ . K825.6

中国国家版本馆 CIP 数据核字第 20251QR194 号

责任编辑：李文华
出版发行：中国青年出版社
社　　址：北京市东城区东四十二条 21 号
网　　址：www.cyp.com.cn
编辑中心：010-57350504
营销中心：010-57350370
经　　销：新华书店
印　　刷：三河市君旺印务有限公司
规　　格：650mm×910mm　1/16
印　　张：11.5
字　　数：110 千字
版　　次：2025 年 4 月北京第 1 版
印　　次：2025 年 4 月河北第 1 次印刷
定　　价：55.00 元

如有印装质量问题，请凭购书发票与质检部联系调换
联系电话：010-57350337

鲁迅

鲁迅

Lu Xun

1881年9月25日—1936年10月19日

鲁迅，本名周树人，是五四新文化运动的重要参与者，中国现代文学的奠基人之一。

鲁迅早年家境殷实，曾接受私塾教育。后其祖父因科考行贿案入狱，其父不久病殁，家道日益衰落。鲁迅遂"走异地，逃异路"，先后在江南陆师学堂、矿路学堂求学，接触新学；留学日本后，曾在仙台医专学医，有感于国民性衰敝，遂弃医从文，以文学之笔戳穿时代的痈疽，治愈国民精神的病瘝。

鲁迅对于五四运动以后中国社会思想文化发展影响巨大。鲁迅一生在文学创作、文学批评、思想研究、翻译等领域做出了重大贡献，主要代表作有小说集《呐喊》《彷徨》、散文集《朝花夕拾》，以及杂文集《坟》《热风》《而已集》《花边集》等，蜚声世界文坛。

鲁迅"我以我血荐轩辕"的爱国情怀，以及"横眉冷对千夫指，俯首甘为孺子牛"的爱民情怀，为一代又一代中国青年所敬仰与效法。

目录

愿中国青年都摆脱冷气，只是向上走，不必听自暴自弃者流的话。能做事的做事，能发声的发声。有一分热，发一分光，就令萤火一般，也可以在黑暗里发一点光，不必等候炬火。

此后如竟没有炬火，我便是唯一的光。倘若有了炬火，出了太阳，我们自然心悦诚服的消失。不但毫无不平，而且还要随喜赞美这炬火或太阳；因为他照了人类，连我都在内。

——鲁迅《热风·随感录·四十一》

"会稽乃报仇雪耻之乡，非藏垢纳污之地！"
这对于我们绍兴人很有光彩，我也很喜欢听到，
或引用这两句话。

——鲁迅《女吊》

第
一
章

诞生于报仇雪耻之乡

——鲁迅在绍兴（1881.9—1898.4）

稽山千岩竞秀，鉴湖明澈如镜。

1881 年，清光绪七年。一个近代中国蒙尘的时代。

已经是初秋，还有十来天就到中秋节了。南方的暑热尽管还未完全消退，但天气已经变得有些舒适。高大的桂树开满了桂花，微风吹拂，空气中弥漫着桂花香。

9 月 25 日，是旧历八月初三。这一天，浙江绍兴府会稽县府城内东昌坊口的一户周姓人家，传来了婴儿嘹亮的啼哭声。周家的长孙诞生了！

这个男孩，就是日后影响中国现代文学和现代文化思想发展的重要人物——鲁迅。

周家人欢天喜地，赶紧写信给在北京做官的祖父周介孚报喜，请他给长孙起名字。介孚公接到家信的那一天，恰好有一位姓张的客人来访，便用了这个客人的姓做了长孙的小名——阿张。据说这么做是为取个吉利的兆头，因为来访的客人反正都是官员，哪怕是个穷翰林呢，也是有功名的。定了小名阿张，再找同音异义字取作"书名"——樟寿，初字豫山。

待到 6 岁上学后，因"豫山"和"雨伞"谐音，周家这个男孩常被同学们唤作"雨伞"取笑。他听了很不高兴，不得已，请祖父再给自己改个名字。介孚公为长孙改字"豫才"。鲁迅，是他于 1918 年 5 月发表中国现代文学史上第一篇白话文小说——《狂人日记》时使用的笔名，取母亲的"鲁"姓，取"迅"的迅行之义，意在提醒自己做事要果断，不犹豫。

从此，这一笔名就随着其辛辣、深刻的作品而广为人知，流传于世。

祖上本是"汝南周"

据考证，绍兴周氏房族的一世祖周逸斋自16世纪明正德年间（1506—1521）迁居绍兴城内竹园桥。所谓"逸斋"，其实就是名字失传的意思，但自二世祖开始就有姓有名了。到鲁迅诞生，已经传到第14代。

旧时望族都尚古追远。在绍兴周氏家族心目中，他们的元公是北宋时代的理学家周敦颐。周敦颐（1017—1073），字茂叔，北宋道州营道楼田堡[①]人，因《爱莲说》而闻名于世。南宋时周敦颐被追封为"汝南[②]伯"，故有"汝南周"之称。

鲁迅祖辈对"汝南周"这一身份渊源非常认同和重视。

鲁迅的祖父周介孚，在清同治丁卯科《浙江乡试朱卷》自述履历中，称："始祖元公，宋封汝南伯，元封道国公，学者称濂溪先生，从祀文庙。"言语间颇多自豪。

---

① 楼田堡，今湖南省永州市道县楼田村。
② 汝南，今河南中部。

鲁迅父亲周伯宜中秀才之后，鲁迅外祖父给亲家公周介孚写了一封贺信，其中有两句是："雅居中翰之班，爱莲名噪；秀看后英之苗，采藻声传。"大意是：当年你介孚公中进士钦点翰林，连元祖周敦颐也因之沾光，名噪一时；今看周伯宜苗壮成材，中了秀才，文脉代代相传，令人欣喜。信中当然说的是一些吉祥话，但也说明，绍兴周家的确以身为周敦颐之后为荣。

绍兴周氏以周敦颐为元祖另有一个旁证。绍兴水乡，城门有旱门，也有很多水门，如三江门、都泗门、东郭门、植利门……鲁迅家人乘船夜归经过水门，为避免管城门的盘查，船老大就高举一个大灯笼，上书"汝南周"三个大字。管城门的见到周家夜航船上这个"汝南周"的灯笼，便喊："好，好！请开船吧！"

认祖归宗，背后是对先人美德的尊崇和认同。元祖周敦颐的高洁气质，同样也作为一种文化基因影响了青年鲁迅。1900年秋天，19岁的鲁迅在矿路学堂求学时，写了一首七律《莲蓬人》：

> 芰裳荇带处仙乡，风定犹闻碧玉香。
> 鹭影不来秋瑟瑟，苇花伴宿露瀼瀼。
> 扫除腻粉呈风骨，褪却红衣学淡妆。
> 好向濂溪称净植，莫随残叶堕寒塘。

莲蓬处在仙人国度里，以菱叶为裳，以荇菜为衣带，风定之后，碧玉般的躯体散发出淡淡清香。亭亭玉立，何等高洁！在萧瑟的秋天，鹭鸶已经渺无踪迹，只有那白头芦花，在浓霜的侵凌下与莲蓬结伴。颈联两句，描绘了莲蓬淡雅纯净的风姿，述其形，摄其神。最后由写景转入议论，希望莲蓬跟周敦颐《爱莲说》中的莲花一样，"出淤泥而不染，濯清涟而不妖"，亭亭净植，傲然不群，在污浊尘世中保持高尚的气节。

周敦颐《爱莲说》中所称颂的君子品格，成了一脉相承的精神纽带，融进了鲁迅的精神血脉。

鲁迅出世之后，按照绍兴当地的习俗，家人依次给他尝了五种东西：醋、盐、黄连、钩藤、糖，象征他在未来的生活道路上，先要备尝酸辛，经历磨难，最后才能品味到人生的甘甜。

事实也恰恰如此。这个被族人爱称为"胡羊尾巴"①的聪慧灵巧的孩子，自小便承受了时代的忧患，却从未放弃为国家和民族的未来寻找出路。

越文化的滋养

文化如水，润物无声。

---

① 胡羊尾巴，绍兴方言，是对矮小灵活、顽皮聪慧的孩子的爱称，"誉其小而灵活也"（许寿裳：《鲁迅先生年谱》）。

在中国的文化名城中，绍兴山清水秀，历史名人荟萃，自古被称为报仇雪耻之乡，越文化底蕴丰厚。

鲁迅以身为"越人"而深感自豪。鲁迅的笔名中，就有"越丁""越山""越侨""越客"等。这些笔名，透露出鲁迅在潜意识中怀有一种深深的故土之情。润物无声的越文化，同样也构成了鲁迅的思想基因。

"越"是古老部族的名称，同样是一个古国国名，从河姆渡文化算起，约有七千年生息繁衍的历史。由于越地濒江临海，生存环境恶劣，因而越人养成了强悍刚烈、抗争复仇的民风。这是越文化在中华民族多元文化谱系中的独特品格。

神话传说中的大禹，被认为是越文化开拓期的始祖。在上古洪患时代，舜帝命大禹治水，功成，葬于会稽（越）。因此，会稽成为大禹神话的中心点。传说大禹胼手胝足，三过家门而不入，体现了古越先民卓苦勤劳、人定胜天的顽强拼搏精神。大禹用疏导的方式取代堙堵的传统旧法，又体现了古越先民勤于探索、勇于创新的精神。在如今的绍兴，禹山、禹井、禹穴、禹陵、禹祠、禹庙、禹碑……处处可见，表达着绍兴人民对大禹的忆念。

大禹也是鲁迅心中的英雄。1911 年春，担任绍兴府中学堂监学的鲁迅带领全校学生祭扫禹陵，留下了一张珍贵的合影——"绍兴府中学堂辛亥春季旅行于禹陵之纪念"。照片中的鲁迅穿着黑马褂、长袍，胸前佩戴着一朵醒目的白花，在十分庄重地凭吊这位先民英雄。就在鲁迅逝世前一年——1935 年，他以大禹治水为题材，创作了一篇小说《理水》，后收录到新编历史题材小说集《故事新编》中。《理水》中的大禹因治水而得上了"鹤膝风"——现在看来是结核性关节炎的一种，满脚底都是栗子一般的老茧。鲁迅对这个细节的刻画，表现了他对大禹艰苦奋斗精神的激赏。

勾践也是越文化的代表人物。司马迁《史记·越王勾践世家》记载，勾践是禹的后代，受封地于绍兴，身刺花纹，头剪短发，开辟草丛，修筑城邑，即"封于会稽，以奉守禹之祀。文身断发，披草莱而邑焉"。

勾践之所以名垂史册，主要是源于他卧薪尝胆、灭吴兴国的故事：公元前 494 年，越王勾践与吴王夫差战于夫椒（今浙江绍兴北），败后求和，入吴国做了三年人质。这三年间，勾践忍辱负重，韬光养晦，终于博得吴王的信任，得以重返故国。勾践卧薪尝胆，与民共苦乐，经过"十年生聚，十年教训"，不仅营造了"子而思报父母之仇，臣而思报君之仇"的社会氛围，而且积蓄了报仇复国的实力，终于在公元前 473 年灭了吴国。

鲁迅崇仰勾践报仇雪耻的坚定志向。他在《女吊》一文的开篇写道："大概是明末的王思任说的罢：'会稽乃报仇雪耻之乡，非藏垢纳污之地！'这对于我们绍兴人很有光彩，我也很喜欢听到，或引用这两句话。"

第一个鲜明体现越文化精神的思想家是东汉的王充，他著有《论衡》一书，反对"天人感应"说和鬼神迷信。鲁迅继承了他那种"疾虚妄"的批判精神和对真理孜孜以求的探索精神。后来，友人许寿裳之子许世瑛开蒙，鲁迅给他开的书单中就有《论衡》一书。

跟王充比较起来，对鲁迅影响更大的是三国时代魏国的思想家、文学家嵇康。据鲁迅早年校录的虞预《晋书》记载："（嵇）康家本姓奚，会稽人。先自会稽迁于谯之铚县，改为嵇氏，取'稽'字之上，山以为姓，盖以志其本也。"嵇康反抗礼教、愤世嫉俗的精神和清峻通脱、师心遣论的文风，对鲁迅的杂文创作产生了明显的影响。从1913年11月至1924年6月，鲁迅穷10余年之力精心校勘《嵇康集》，这也成了鲁迅在辑校古籍领域的重大成果。

影响鲁迅的越地文人，还有晋代书法家王羲之。鲁迅多次观看王羲之书写的"鹅池"石碑，游览右军祠（350年王羲之曾任右军将军）、墨池、御碑亭、流觞亭。

鲁迅还尤其欣赏志高词壮的南宋爱国诗人陆游，认为他是国家艰难岁月中的"慷慨党"。

此外，明代徐渭的水墨花卉、张岱的小品散文、陈洪绶的人物绣像，也都成了浸润鲁迅的艺术滋养。

跟越文化中的精英文化相比，越民间文化对鲁迅的影响也不能低估。鲁迅尊崇有造诣的文学家，也尊崇那些社会底层的"不识字的作家"，认为他们虽然目不识丁，但创作的民谣、山歌、渔歌等，刚健清新，往往为士大夫所不及。

"社戏"就是对童年鲁迅影响颇深的一种民俗文化。

"社"，本义指土地神，后引申为古代地区的一个小单位，或曰方六里为社，或曰二十五家为社，类似于现代的"村"。社中常有庙，祭祀社神，一般为土地神。农村的社庙除祭神外，平时也寄存农家的水车及其他大型农具，每年夏秋民众还以社庙为舞台，上演"年规戏"，也叫野台戏，以酬神祈福。每年扫墓之后，儿时的鲁迅常随母亲到安桥头的外婆家住几天，那时他盼望的第一件事就是到五里外的皇甫庄去看社戏。

其实，这里所说的社戏，是绍兴戏的一个总称，包括越剧、绍剧、新昌腔调、绍兴目连戏及诸暨西路乱弹等剧种。绍兴民间还有许多曲艺种类，鲁迅为母亲祝寿时就请艺人来家唱过绍兴平湖调。

鲁迅童年时爱看绍兴戏中的目连戏和大戏[①]。大戏白天演折子戏，从黄昏至次日黎明则演整本戏。大戏中最精彩的部分，一是中途出现的最考验身手功夫的"跳吊"[②]，一是结尾时出现的带来最

---

① "大"，俗音如"陀"，去声。
② "跳"，俗音如"条"。

终审判的"活无常"和恶鬼。

大戏中，活无常的服饰比画册中的样子简单，他手中不拿铁索，也不带计算阳寿的道具算盘，就是浑身雪白的一条莽汉，在周围红红绿绿的群鬼映衬中，显得"鹤立鸡群"。他活泼而诙谐，戴着一顶白纸的高帽子，手里摇着破芭蕉扇，粉面朱唇，皱着如漆的黑眉，表情莫测，看不出来是笑还是在哭。活无常是阴间派来勾人魂魄的使者，他的出现往往让看戏的人既紧张又兴奋。只听他嘴里唱念着：

……

大王出了牌票，叫我去拿隔壁的癞子。

问了起来呢，原来是我堂房的阿侄。

生的是什么病？伤寒，还带痢疾。

看的是什么郎中？下方桥的陈念义儿子。

开的是怎样的药方？附子、肉桂，外加牛膝。

第一煎吃下去，冷汗发出；

第二煎吃下去，两脚笔直。

我道阿嫂哭得悲伤，暂放他还阳半刻。

大王道我是得钱买放，就将我捆打四十！

唱的是活无常因看到被勾魂人的家人哭得厉害，心软放这人回阳片刻，被阎罗王问责。不得已，活无常也就决定不留情了——

　　哪怕你，铜墙铁壁！
　　哪怕你，皇亲国戚！
　　……

活无常竟是这样可敬可爱！

一切鬼众中，鲁迅认为，就活无常有点人情，活得真实、无奈。他爽直，爱发议论，有人情——如果要寻真朋友，活无常倒是合适，鲁迅想。

除了活无常，绍兴戏中另一种具有特色的鬼——"女吊"，也让幼时的鲁迅印象深刻。

戏台上先是传来悲凉的喇叭声。不久，门幕一掀，女吊出场了。她穿着大红衫子、黑色长背心，长发蓬松，颈挂两条纸锭，垂头，垂手，围着舞台走了一圈。据说，这是走了一个"心"字。为什么要走"心"字呢？幼年的鲁迅心中充满疑问。

疑惑中，就见那女吊将披着的头发向后一抖，人们这才看清她的面孔：石灰一样的圆脸，漆黑的浓眉，乌黑的眼眶，猩红的嘴唇……两肩微耸，四顾，倾听，似惊，似喜，似怒，唱腔曲调凄婉，唱词也是悲伤：

奴本身杨家女，呵呀，苦呀，天哪！

……

而唱词的大意，也是自述凄苦身世，说后来去做童养媳，备受虐待，最后衔冤悲泣，上吊自杀。

旧时戏文里，穿红衣的只有这女吊。据说，女吊穿红衣是因为在上吊之际，准备化作厉鬼来复仇，红色有阳气，易于和人接近。

女吊也叫作"吊神"。横死的鬼魂竟得到"神"的尊号，可见人们同情女吊，甚至情感上还有些敬重。"被压迫者即使没有报复的毒心，也绝无被报复的恐惧。"1936年，去世前的鲁迅想起家乡戏中的女吊，这样评价道。

活无常、女吊，这些恶鬼的形象在鲁迅笔下是可爱可敬的，鲁迅欣赏这些形象身上真实的人情和人性。至于认为女吊比别的鬼魂更美、更强，原因恐怕在于鲁迅欣赏女吊的复仇精神。

大戏或目连戏里，蓝面鳞纹的鬼王还统领有十几名鬼卒。儿时鲁迅也曾爬上台去，客串过"义勇鬼"。他跟其他十几个孩子一起，脸上涂上几笔油彩，手持钢叉，一拥上马，跟在鬼王后面，疾驰到郊外的无名孤坟之处，绕着坟转三圈，下马大叫，将钢叉用力地刺在坟墓上，然后拔叉驰回，上了前台，一同又大叫一声，将钢叉一掷，钉在台板上 ——扮演义勇鬼的任务就完成了。

孩子们洗脸下台，就可以回家了。但如果父母知道了，往往不免一顿竹筱打，一则罚孩子带着鬼气，二则庆幸孩子没有摔着碰着，性命无虞。鲁迅很幸运，扮演鬼卒从来没有被父母发现过。

除了爱到皇甫庄看社戏，鲁迅还喜欢到距离城东约60里的东关去看"五猖会"。这在鲁迅童年也是不多见的盛事。

"五猖"也就是"五通神"，神像是五个男人，后面列坐着五位夫人。虽是凶神，但他们的面貌却并不显得猖獗狰狞。南方农村有五通神出巡的习俗，每次出巡有"跳五伤"的演出："跳小娘""跳小棺材""跳大头鬼""跳吊""跳活无常"。其中，人们最爱看的还是上面所说的"跳活无常"。只不过，迎神时在广场演出，活无常没有语言，只有动作，配合着一定的锣鼓伴奏。

除了在皇甫庄等郊外看野台戏，鲁迅儿时也在城里看过绍兴戏。周家老台门对面有一大片空地，是附近居民的娱乐场。每年约七月半，常由覆盆桥周家发起，请戏班子来演出：文戏叫高调班，武戏叫乱弹班。相传七月，酆都城①的鬼门关开启，故常演出目连戏，演给到人间玩耍的魂看。鬼的形状各异：套个假头套的是"大头鬼"，把衣领拉到头顶装上小头的叫"小头鬼"，手

———————————

① 酆都城，旧时迷信传说中的阴司地府，人死后的去处。

不释卷但榜上无名因失落而上吊的叫"科场鬼"……

大禹、勾践、嵇康、王羲之、陆游、活无常、女吊、五猖神……他们共同构建的丰富深厚的越文化，就像润物的甘霖，滋润着童年鲁迅的心田。

新台门的人物

周家新台门是周氏家族在绍兴的三个台门（老台门、新台门、过桥台门）之一，这里不仅是鲁迅的出生地，也是他度过童年和青少年时代的地方。新台门人物的遭际和命运，不知不觉中影响、触动着鲁迅。他们有的甚至进入鲁迅的作品，成了中国现代文学史上鲜活的典型。

九斤老太

鲁迅诞生时，家中辈分最高的是67岁的曾祖母戴氏（1814—1893）。因为鲁迅的曾祖父在本族同辈中排行第九，人称"九老太爷"，因而戴氏也就成了"九老太太"。九老太太在鲁迅的小说《风波》里成了九斤老太——出生时的斤两是九斤，她的儿子七斤，孙女六斤。"真是一代不如一代"，这是鲁迅式的幽默，也是他对周氏家业衰败的自嘲。

戴氏出身于殷实的官宦之家，嫁到周家之后赶上家道败落。原因之一是丈夫虽中过秀才，捐过监生，但除了栽种兰花之外，别无长处和爱好；原因之二是太平军在绍兴一带跟清军激战，导致农田大片荒芜，周家的租粮几乎颗粒无收，在城内开设的商行、当铺也大多歇业。幸亏戴氏治家严谨，好不容易保住了四五十亩水田，得以维持全家生计。

1893 年 2 月 16 日，正值春节前夕，年近 80 岁的九老太太死于中风一类的突发病。这时鲁迅只有 12 岁。

在为曾祖母隆重操办丧事的过程中，鲁迅结识了短工章福庆的儿子章运水——这位能在雪地捕鸟、在夏夜看猹的英武矫健的少年，当时负责帮助周家看守办丧事的祭器。28 年之后，1921 年，少年运水出现在鲁迅的短篇小说《故乡》中，成了作品中闰土的人物原型。月光下戴银项圈的少年，拿一柄钢叉在西瓜田里向一匹猹刺去的画面，以及成年闰土的麻木、饱经苦难和风霜，永远地定格在文学经典的人物长廊里。

俗话说：福无双至，祸不单行。就在曾祖母去世那年的秋后，新台门周家传来了衙役的呼喝："捉拿犯官周福清！捉拿犯官周福清！"

仕途坎坷的祖父

周福清（1838—1904），鲁迅的祖父，原名致福，字震生，号介孚。他长着一张"同"字形的脸，算命的说这是富贵相。果然，周福清于1867年中了举人，又于1871年中了进士，钦点翰林院庶吉士——成为庶吉士的都有机会平步青云。又经过几年的培养学习，周福清被外派到江西省金溪县当知县。如今金溪县还留有一块石碑，记录着周福清在当地的政绩。

当时金溪贫穷，富人少，乞丐多。每当有人办红白喜事，就有不少乞丐前来索讨，形同敲诈。为此，周福清跟各丐头谈判，规定了办红白喜事的人家接贫济困的钱数，由专门设立的救济所收取并分配给周边村的孤贫户，各丐帮不得无理索要。这块石碑立于光绪二年（1876）五月，记录了周福清上任一年后办的这件实事。

不过，周福清性情耿直，恃才傲物，尤其敢顶撞上司，因而好景不长。两年后，也就是1878年，周福清被人以"办事颠顸"①为由参劾。为了保住原来的官位品级，周福清只好花银子捐了两次官：一次是在陕甘局买了一个"同知"的虚衔；另一次是买了一个"内阁中书"的官衔，并于1879年进京做了一个专事誊录、校对、协修的七品小京官。这期间周福清虽然没有让老家接济，但也没有往家里寄过一文钱。1893年，周福清的母亲戴氏去世。屋漏偏逢连夜雨，刚办完母丧，他又摊上了另一桩大

---

① 颠顸，指糊涂而马虎。

事——"科场行贿案"。

科场行贿在腐败的清末官场可谓司空见惯：花三四百两银子即可雇"枪手"代考秀才，花一两千两银子即可雇"枪手"代考举人，拜帖中夹带银票行贿主考官的事情也时有发生，见怪不怪。那时因周福清丁忧①须回乡守孝三年，三年后能否复职还未可知。周福清受姐夫章介千等人鼓动，以为当年浙江乡试主考官殷如璋贪财，跟自己又是同榜进士，于是请他关照亲友章、孙、陈、顾、马五姓子弟，以及自己的儿子。虽然给殷如璋送去的是张空头支票，事成之后才会兑现，属于"虚赃"，但周福清却倒了霉。

当时的光绪皇帝为改革官制、推行新政，批谕："案关科场舞弊，亟应彻底查究。丁忧内阁中书周福清着即行革职，查拿到案，严行审办。"鉴于周福清行贿未遂，空头支票属于"虚赃"，又主动投案，光绪批示："周福清着改为斩监候，秋后处决，以严法纪，而儆效尤。"

"斩监候"即死刑缓期执行。这样一来，周福清就成了名副其实的"钦犯"。

晚清政治腐败，周福清科场行贿案即为一例。被判处斩监候的周福清，虽被羁押在杭州监狱，但因是翰林出身，属于"官

---

① 丁忧，指遭逢父母的丧事。

犯"，便享有种种特权：不仅免加刑具，能住单间，有男女用人，甚至还买了一个比他小 32 岁的潘姓女子为妾，入狱服侍他，狱卒也并不干涉。除了不能离开之外，周福清在狱中可以读书、散步，跟狱卒和其他犯人聊天，还教小儿子周伯升和二孙子周作人读书。不过，每年临近秋季，监狱都会提醒周福清可能会被斩决，使点银子才好逢凶化吉。于是，周家只好卖田当物，家境也日益败落下来。

时光荏苒，周福清在狱中待了八个年头。1901 年，光绪皇帝被软禁，慈禧太后推行所谓新政，赦免八国联军入京时监狱中的所有犯人。周福清因而得以重返故里。此时，鲁迅的父亲已经病故五年了。

三年后，1904 年，周福清病逝。

周福清对鲁迅的影响是潜移默化的。周作人就对钱玄同说过，祖父在幽默方面和鲁迅特别像，"祖父是一个翰林，滑稽似豫才"。

周福清对通俗小说的肯定，更是培养了鲁迅最初的文学爱好。鲁迅曾对友人说，直到读了《西游记》，他才第一次对书籍产生兴趣。而促使他对《西游记》发生兴趣的，则是祖父曾给他讲的孙悟空变形为破庙的故事：孙悟空一次败逃，变身为破庙，因尾巴无处安置，就化为旗杆竖立在庙后门。

周福清对晚辈的家训主要体现在他作的一篇《恒训》中。这篇文章作于"光绪二十五年岁次己亥元月十八日"，即 1899 年 2 月 27 日，其时他还被囚禁在杭州监狱中。同年 10 月上旬，他远在南京陆师矿路学堂就读的长孙鲁迅，工工整整地抄录了一份《恒训》珍藏，可见其非常重视祖父的教诲。鲁迅的这一手迹原件现珍藏于国家图书馆。

《恒训》内容十分广泛。先讲三条家诫："力戒昏惰""力戒烟酒""力戒损友"；后讲"养生法"；最后谈"家鉴"。回顾绍兴周氏家族从兴旺到败落的过程，周福清概括了三条"败家之鉴"，即"纵容孩子""信妇言""要好看"①；又提出了三条"成家之鉴"，即"有良心""有恒心""有积蓄"。

周福清留给子孙的训诫，有的鲁迅遵循得很好，有的则不尽如祖父之意。做得好的有"事事认真"。《恒训》写道："去昏之法，在事事认真。……凡有作为之官宦，成家立业之士民，无不有日记账簿。平生阅历，逐年事务，及一切用场，了如指掌。"鲁迅遵祖父家训，养成了记日记和记账的好习惯，为后人留下了研究鲁迅及研究同一时期社会文化史和经济史的珍贵史料。

鲁迅有悖《恒训》的是"力戒烟酒"。周福清一生不猜拳赌酒，他写道："如水旱烟，有损无益。至酒之为害，不殊鸦片，非特废时误事，且易伤生。"他以盛酒的锡壶容易烂底、酿酒的

---

① "要好看"，指讲排场、好奢靡。

房屋梁柱易坏作比，反对饮酒。鲁迅虽然不是高阳酒徒，但嗜烟成癖，这对他身体的损害是众所周知的。

《恒训》中的关键字是"恒"，即持久不断。具体到鲁迅身上，就形成了一种"韧"的战斗精神。鲁迅认为，就个人而言，没有"恒"就不能成就任何事业。他举例说，收集民间花纸（即年画），只要持久有恒，也能保存一大笔非物质文化遗产，这是一般人都能做到的。就改革而言，更是一个持久而艰巨的历史使命，一代人不够，"就再一代，二代……这样的数目，从个体看来，仿佛是可怕的，但倘若这一点就怕，便无药可救，只好甘心灭亡。因为在民族的历史上，这不过是一个极短时期，此外实没有更快的捷径"[①]。

擅讲故事的祖母

鲁迅在作品中曾多次提及祖母。

鲁迅祖父的原配夫人姓孙（1838—1864），1858 年生一女，乳名德官；1861 年生一子，名凤仪，字伯宜，也就是鲁迅的父亲。1881 年鲁迅出生时，祖母已去世 17 年。

鲁迅作品中提及的祖母，准确地说是他的继祖母。这位继祖

---

① 鲁迅：《华盖集·忽然想到（十）》，《鲁迅全集》第 3 卷，人民文学出版社 2015 年版，第 96 页。

母姓蒋（1842—1910），绍兴鉴湖边鲁墟村人。她疼爱孙辈，常给他们讲述一些诙谐有趣而又寓含人生哲理的故事，这培养了幼年鲁迅对文学的兴趣。

她讲老虎拜猫为师：老虎自以为本领都学到了，就想杀掉猫，没想到猫并没有教老虎上树的本领，所以侥幸逃生。她讲白蛇的传说"水漫金山"：白娘子被法海镇压在雷峰塔下。鲁迅同情那雷峰塔下被压着的白娘子，憎恶那不通人情的法海和尚……

然而，鲁迅这位慈祥而又诙谐的继祖母和祖父的关系却并不和睦，继祖母甚至常年受到祖父的斥骂。据说最根本的原因是，在太平军攻占绍兴期间，继祖母一度与家人失散，祖父怀疑她被太平军俘虏失贞，因而心生嫌隙，亲近其他妾室而和蒋氏疏离。

继祖母蒋氏还有一件更为不幸的事，在她瘦长的脸上刻下了痛苦的痕迹——她唯一的女儿康官1894年因产褥热去世，终年26岁。

鲁迅、周作人兄弟跟这位康官小姑母感情很好。她也常给孩子们讲故事、猜谜语、说童谣、唱山歌。

1910年5月11日，继祖母病逝，终年69岁。当时鲁迅的祖父、父亲均已去世，小叔父在兵船服务不知去向，二弟周作人在日本留学无法赶回，家里就电召在杭州教书的鲁迅速回，主持继祖母蒋氏的葬仪。这一人生经历，鲁迅写进了他的小说《孤独者》中。

鲁迅和周作人无疑是同情继祖母的。后来，鲁迅在《我之节烈观》一文中，为那些在战乱中失贞的女子辩护："只有刀兵盗贼，往往造出许多不节烈的妇女。但也是兵盗在先，不节烈在后，并非因为他们不节烈了，才将刀兵盗贼招来。"[①]周作人写的《抱犊谷通信》也提到了这位继祖母，明确表示严厉监督女性是不是处女是毫无意义的事情，因为"这身体是女性自己的，一切由她负责去处理"。

在 20 世纪初，周氏兄弟对女性的这些认识，可以说是开风气之先。

懦弱多病的父亲

鲁迅的父亲周伯宜（1861—1896），本名凤仪，又名文郁，中秀才后又名仪炳，以"伯宜"这个字行于世。其实他还有一个字，叫用吉。鲁迅祖父周福清案发后，父亲周伯宜被革除了秀才身份，因此他埋怨"用吉"这个名字太不吉利，把"周"字拆开了，导致了霉运。

跟祖父、祖母相比，父亲对鲁迅的影响反而不明显。周伯宜性格懦弱，身体羸弱，但偏好喝烧酒，还抽鸦片，酒后爱发脾气，正应了"借酒浇愁愁更愁"的俗话。周伯宜存世的文稿，有

---

① 鲁迅:《坟·我之节烈观》,《鲁迅全集》第 1 卷, 人民文学出版社 2015 年版, 第 123 页。

一本《入学试草》，收录他进秀才时的诗文，是他春风得意时之作；另一份是一张借据，写明用一份田契作抵押，托族内兄长周慰农向高家借英洋①两万元，月利一分二厘。这份借据和田契抵押，见证和记录了周家的衰败。

中日甲午海战之后，周伯宜曾表示，要送儿子出国留学，一个去东洋，一个去西洋，可见他有希望后人学成后挽救民族危亡的爱国之心。

在鲁迅的作品中，关于父亲的大多是父亲生病时庸医误诊的记忆，如《父亲的病》。鲁迅留学日本时一度选择学医，这和当时出国留学者多学实务的氛围有关，也不免有父亲被误诊导致不治的原因。

1896年，周伯宜病逝，年仅35岁，而此时鲁迅也才15岁。家道衰落、少年失怙后体会到的世态炎凉，是鲁迅敏感性格形成的一个重要原因。

母亲与母爱

鲁迅的母亲鲁瑞（1858—1943），其祖父和父亲都是举人，但她幼时只在私塾旁听过一年功课。

---

① 英洋，银元的一种，指旧时来自墨西哥的货币。因其铸造的银元上有国徽"鹰"的图案，故称"鹰洋"，又称"英洋"。

鲁瑞 1879 年嫁到周家，1881 年鲁迅的父亲就中了秀才，家人都夸鲁瑞有"旺夫命"。鲁瑞顺理成章成了周家的当家媳妇，安排着一家老小的生活。

然而，好景不长，先是公公周福清因科考舞弊案入狱，后正值壮年的丈夫周伯宜又不幸去世，再者她所生的五个子女中有两个夭折。家庭的变故，子女的早夭，使鲁瑞备受打击。

鲁迅 17 岁时，独自支撑着这个家庭的鲁瑞凑了八元路费，送鲁迅去南京求学。"你自己保重吧。以后的路就得你自己走了！"临别时，鲁瑞哭了。离开故乡到陌生的异地求学，在当时被认为是"将灵魂卖给了假洋鬼子"，她虽然不舍，但这是走投无路的人家的"路"啊！

鲁迅虽然是封建礼教的叛逆者，但对母亲却极尽孝道。以"鲁迅"为笔名，也是因为母亲姓鲁，以此表达对母亲的爱戴。鲁迅在日常生活中对母亲体贴入微，关怀备至。甚至在以后的婚姻问题上，即使对母亲有腹诽，鲁迅也完全顺从，以使身处乱世的母亲身边有人陪伴。在三个孩子中，鲁瑞最爱的是鲁迅，所以举家北迁之后愿意跟鲁迅居住。鲁迅离京之后，她也不愿跟二儿子周作人共同生活。

鲁迅虽然并不否认他承受了母爱，但认为母爱也有着盲目的一面。在《华盖集·杂感》中鲁迅写道："死于敌手的锋刃，不足悲苦；死于不知何来的暗器，却是悲苦。但最悲苦的是死于慈母或爱人误进的毒药，战友乱发的流弹，病菌的并无恶意的侵入，不是我自己制定的死刑。"这些话当然是有感而发。

1918 年 5 月中旬，鲁迅友人许寿裳丧妻，留下了五个子女。鲁迅致函吊唁，大意是说，虽然惊闻嫂夫人去世，孩子们失掉母亲，固然不幸，但也不尽然。"我向来的意见，是以为倘有慈母，或是幸福，然若幼而失母，却也并非完全的不幸，因为他们也许倒成为更加勇猛、更无挂碍的男儿的……"[1]这虽然有宽慰许寿裳的意味，但也未尝不是道出了母爱的两重性。

长妈妈与衍太太

在新台门周家的女性中，鲁迅最感亲切的是勤劳淳朴的长妈妈，而最感厌恶的是挑拨是非的衍太太。

长妈妈是鲁迅幼时的保姆，家住绍兴东浦，夫家姓余。长妈妈和"长"不沾边，生得黄、矮、胖，只因周家先前那个保姆个子高，出于习惯沿用了"长妈妈"这个称呼；鲁迅曾嫌她害死隐鼠[2]，生气地喊长妈妈为"阿长"。

一到夏天，长妈妈睡觉时总会伸开两脚两手，在床中间摆成

---

[1] 许寿裳：《网友鲁迅印象记·和我的交谊》，鲁迅博物馆等选编：《鲁迅回忆录》(上册)，北京出版社 1999 年版，第 288 页。

[2] 隐鼠，啮齿类动物，属于豪猪亚目滨鼠科，是鼠类中最小的一种。鲁迅在《朝花夕拾》中说："这类小鼠大抵在地上走动，只有拇指那么大，也不很畏惧人，我们那里叫它'隐鼠'，与专住在屋上的伟大者是两种。"

一个"大"字，挤得鲁迅只能睡在席子上的一角，没有翻身的余地。推她，不动；叫她，也不醒。

母亲听到鲁迅的抱怨后，婉转地提醒长妈妈："长妈妈生得那么胖，一定很怕热吧？晚上的睡相，怕不见得很好吧？……"

但是照旧，长妈妈没有改变，甚至晚上睡觉把胳膊压在鲁迅的脖子上。

长妈妈教给鲁迅一些民间习俗。她告诉鲁迅，如果说人死了，不能说死掉了，须说"老掉了"；不去死了人或生了孩子的人家的屋子；饭粒如果落在地上，必须捡起来，最好是吃下去；晒裤子用的竹竿底下，不能去钻……这些民间的道理和礼节，在幼时鲁迅看来有些莫名其妙。

然而，就是这样一个粗枝大叶、喜欢背后"切切察察"的长妈妈，却做过一件让鲁迅铭记终生的大事。

一个远房叔祖有一次对鲁迅说，有一部绘图的《山海经》，里面画着人面的兽，九头的蛇，三脚的鸟，生着翅膀的人，没有头而以两乳当作眼睛的怪物……

"可惜啊，现在不知道放在哪里了。"叔祖边说边摇头。

鲁迅非常想看这样的图画，但又不好意思逼叔祖去寻找。买吧，书店离家很远，只有正月里才能去一趟，而那时候，书店也正放着假。

鲁迅对这书心心念念，连长妈妈都知道了，就跑来问《山海经》是怎么回事。鲁迅心不在焉地跟她说了。

没想到没过多久，长妈妈告假回家四五天后，穿着新的蓝布衫回来了。一见面，长妈妈就将一包书递给鲁迅，高兴地说：

"哥儿，有画儿的《三哼经》，我给你买来了！"

"什么？！"鲁迅吃了一惊，赶紧接过，打开纸包——是四本小小的书，里面人面的兽、九头的蛇……都有。

鲁迅十分感动，又敬佩。别人不肯做或不能做的事，她却心里惦记着。长妈妈太伟大了！至于她谋害过隐鼠，也就不是什么事了。

这四本书，是鲁迅最早得到的最为心爱的"宝书"。

多年以后，当鲁迅回忆起长妈妈，是这样充满感情：

> 我的保姆，长妈妈即阿长，辞了这人世，大概也有了三十年了罢。我终于不知道她的姓名，她的经历；仅知道有一个过继的儿子，她大约是青年守寡的孤孀。
>
> 仁厚黑暗的地母呵，愿在你怀里永安她的魂灵！ [1]

鲁迅对长妈妈是表面不恭敬，内心却充满爱和感激；而对于另外一位人物——衍太太，却是十分厌恶。

---

[1] 鲁迅：《朝花夕拾·阿长与〈山海经〉》，《鲁迅全集》第2卷，人民文学出版社2015年版，第255页。

衍太太是鲁迅的一位叔祖母。她看见孩子们打旋子，就从旁计数："好，82 个了！再旋一个，83！好，84！……"但正在旋着的孩子忽然跌倒，孩子的家人也恰巧走进来，衍太太便又会说道，"你看，不是跌了么？不听我的话。我叫你不要旋，不要旋……"衍太太就是这样表里不一，既怂恿孩子又瞒骗家长。

鲁迅的父亲去世后，衍太太教唆鲁迅去偷母亲的钱。"母亲的钱，你拿来用就是了，还不就是你的么？"鲁迅说母亲没有钱，衍太太就说可以拿母亲的首饰去变卖。鲁迅说没有首饰，衍太太说："也许你没有留心。到大橱的抽屉里，角角落落去寻去，总可以寻出一点珠子这类东西……"

鲁迅自然没有听从，但大约此后不到一月，就传出流言，说鲁迅已经偷了家里的东西去变卖了。这流言的源头，无疑就是衍太太。

鲁迅觉得仿佛自己真犯了罪，怕遇见人们的眼睛，怕受到母亲的爱抚。

鲁迅后来说道："我一生中，给我大的损害的并非书贾，并非兵匪，更不是旗帜鲜明的小人：乃是所谓'流言'。"[①]

衍太太无疑就是伤害少年鲁迅的"流言家"之一。

---

① 鲁迅：《华盖集·并非闲话（三）》，《鲁迅全集》第 3 卷，人民文学出版社 2005 年版，第 161 页。

从"小英雄"到"木偶人"

鲁迅的童年，有一位重要的小伙伴，给他带来几多欢乐。

他原长着一张紫色的圆脸，头戴一顶小毡帽，颈上套一个明晃晃的银项圈。夏天猹在月夜下偷吃西瓜的时候，看瓜的他就会手持一柄胡叉，猛地向皮毛油滑的猹刺去。冬天他会在雪地里支起一个大竹匾，撒下秕谷，待鸟雀来觅食时，他就猛一拉绳，将竹匾扣下，那些鹁鸪、角鸡、稻鸡就通通变成了他的猎物。他心里有无穷无尽的稀奇事，成为"我"的童年偶像……他就是鲁迅小说《故乡》中闰土的原型——章运水（1879—1936）。

章运水的父亲章福庆是一位能工巧匠，除了以种西瓜、棉花、杂粮为生，还在绍兴新台门通向百草园的后门口找了三间小屋，开了一处竹篾作坊，制作或修补各种竹制品，还会用竹子制作乐器玩具。章福庆常到周家打工，比如秋后晒谷、舂米，俗称"做忙月"。

章运水的母亲人称庆太娘。据鲁迅三弟周建人回忆，母亲鲁瑞生下鲁迅之后，"想找一个奶娘，家里做忙月的章福庆，老婆生了一个女儿，奶水很多，愿意来做奶娘。曾祖母便叫她来看看。章福庆的老婆 26 岁，生得身材高大，体格健壮，性情很开朗，便把她雇用下来了"[1]。也就是说，章运水的母亲就是鲁迅的

---

[1]　周建人口述，周晔记录：《鲁迅故家的败落》，福建教育出版社 2017 年版，第 58 页。

奶妈。

在鲁迅曾祖母的丧仪中，跟随父亲前来帮忙的章运水结识了鲁迅。当时章运水 14 岁，鲁迅 12 岁，鲁迅叫他"阿水"，他叫鲁迅"大阿官"，两人成了好朋友。

章运水说起海边瓜地常被野兽糟蹋，周家正好有一支闲置的猎枪，就送给了他。此后周家跟章家经常走动，章家常给周家送一些土特产，周家也常送一些草灰让他们用船运回家做肥料。鲁迅在南京读书期间回乡度假，还跟运水一起去游览过应天塔。

《故乡》中的杨二嫂说，闰土偷走了十多个碗碟，埋在打算运走的灰堆里。有些研究者信以为真，觉得这一细节揭示了农民的"自私性"，这其实是一种误读。因为作品中的"母亲"已经交代："凡是不必搬走的东西，尽可以送他，可以听他自己去拣择。"既然闰土连长桌、椅子都能搬走，那还有什么必要偷走十几个碗碟呢？真正自私滑头的是"豆腐西施"杨二嫂，正是她一边造闰土的谣，一边把防被狗咬的鸡笼"狗气杀"偷走了。

然而，在兵、匪、官、绅的重重摧残下，闰土还是变成了一个迷信麻木的"木偶人"。"非常难。第六个孩子也会帮忙了，却总是吃不够……又不太平……什么地方都要钱，没有定规……收成又坏。种出东西来，挑去卖，总要捐几回钱，折了本；不去卖，又只能烂掉……"闰土这番话说的就是现实生活中章运水的状况。1936年，57岁的章运水突生背疮，无钱医治，溃烂致死。巧合的是，鲁迅也逝世于同年。

在《故乡》中，"我"希望闰土的儿子水生这一代能过上"新的生活"。"希望是本无所谓有，无所谓无的。这正如地上的路；其实地上本没有路，走的人多了，也便成了路。"这个希望由闰土的孙辈实现了：章运水的孙子章贵，20岁之前还是文盲，1954年调到绍兴鲁迅纪念馆工作，朴实而好学，1976年出任绍兴鲁迅纪念馆副馆长，直到退休。

"牛穿鼻"和"读书三到"

在鲁迅开蒙的年代，读书人读的书是固定的（"四书""五经"），关于"四书""五经"的解释是固定的，写的文章是固定的（"八股文"），发的议论也是固定的。

作为大家庭的长孙，鲁迅也无法逃脱接受传统教育的命运。

绍兴方言形象地把孩子入塾读书比喻为"牛穿鼻"，意思是孩子一进书房，就像牛鼻子被穿上了缰绳，从此就得服服帖帖。

六岁那年，鲁迅进了私塾。启蒙老师周玉田是鲁迅的远房叔祖，一位爱种一点花木的和蔼老人。周玉田给鲁迅选定的第一本读物是历史教材《鉴略》。这本书从盘古开天地一直讲到清朝，但童年的鲁迅却连一个字的意思也不懂。

鲁迅感兴趣的，是周玉田老人珍藏的一本专讲园艺花卉的书，名叫《花镜》。鲁迅借来以后，又读又抄，还用几种本子比勘校对。为了增长对花木的知识，鲁迅课余亲手栽种，每株都插上竹签，写上花名，仔细观察它们的生长情况。后来，经过一段实践，鲁迅发现《花镜》中的介绍也有错误。比如书上说，要把映山红从山上移植家中，必须保留本土才能成活。鲁迅却对这种说法提出了异议。他在书上批注说，这种花"性喜燥，不宜多浇，即不以本土栽亦活"。

11岁那年，鲁迅转入另一个叔祖周子京的书塾。周子京是一个仕途受挫的腐儒，屡试不第，变得呆狂，讲课常胡言乱语，信口开河。有一次，他竟把"蟋蟀"解释成"虱子"。

为此，鲁迅没多久就退出了这家私塾，转入被称为全城最为严厉的书塾——"三味书屋"就读。从1892年开始，鲁迅在三味书屋生活、学习了四五年时间。

三味书屋的塾师寿镜吾生于1849年，绍兴城内都昌坊人，清同治八年（1869）秀才。他瘦而高，须发花白，戴着大眼镜。据说他是本城中极方正、质朴、博学的人，在家里开塾设教。

塾名三味书屋的"三味"有多种解释，通常认为是读书的三种体验：读经书，味如稻粱（谷物）；读史书，味如肴馔（丰盛的饭菜）；读诸子百家，味如醢醢（用鱼肉等制成的酱）。总之，意思是读经史子集之类的书，如同品尝佳肴美味，其味无穷。

鲁迅的书案，最初是设在三味书屋的南墙下，后来他以门缝有风为理由，要求移到西北临窗的明亮处，以便伺机偷看藏在抽屉里的小说。

在三味书屋，鲁迅正午习字，晚上对课，也就是对对子。最初几天，先生对鲁迅很严厉，后来却好起来了，给鲁迅读的书渐渐加多，对对子也渐渐从三言对到五言，再对到七言。

三味书屋后面有个小园，孩子们课间可以爬上花坛去折蜡梅花，在地上或桂花树上寻蝉蜕，或者捉了苍蝇喂蚂蚁，静悄悄的没有声音。然而到园里的人太多，或者时间太久了，寿镜吾先生就会在书房里喊：

"人都到哪里去了！"

待到孩子们回来，先生也就是瞪几眼，大声道："读书！"戒尺和罚跪则不常用。

大家放开喉咙读一阵书，三味书屋里人声鼎沸。后来，孩子们的声音便低下去、静下去了，只有寿镜吾先生沉浸在读书的乐趣中：

"铁如意，指挥倜傥，一座皆惊呢——；金叵罗，颠倒淋漓噫，千杯未醉嗬—— ……"

*

鲁迅在三味书屋就读时的书案，其手刻的约一寸见方的"早"字清晰可见，
现存于北京鲁迅博物馆。

据说有一天鲁迅上学迟到，受到塾师的责备，他就用小刀刻下了这个方方正正的"早"字，
来提醒自己不要迟到。从此，他再也没有迟到过。

这是清末诗人刘翰所作的一首诗词《李克用置酒三垂冈赋》。寿先生沉浸其中，面带微笑，头也跟着节奏不自觉地摇晃着。

每到这时候，孩子们就开始在底下搞些"小动作"。鲁迅开始用一种薄而透明的"荆川纸"，蒙在小说的绣像上，开始一个个描下来。时间长了，画的画也多起来，《荡寇志》和《西游记》的绣像，都各有一大本。后来，为要钱用，鲁迅把这些画卖给了一个有钱的同学。

鲁迅在三味书屋就读期间，还发生过这样一桩有趣的事：鲁迅所住的新台门附近，有一家名为"广思堂"的私塾，塾师不仅经常体罚学生，没收学生的点心自己吃，而且规定学生小便前还要领取"撒尿签"。鲁迅听说后，便带领其他几个爱打抱不平的同学前往广思堂"兴师问罪"。不巧，广思堂放学了，鲁迅便和伙伴们将"撒尿签"全部撅折，朱墨砚台扔在地上，以示惩戒。

这种孩子式的淘气和捣乱，未尝不是对死板束缚的私塾教育的反抗。

书塾以外，禁令也是无处不在的。渴求知识的鲁迅，抵制"毒害小儿的药饵"的有效方法，就是保持探索求真的怀疑精神。鲁迅曾在一张书签上写下这样的箴言："心到，口到，眼到，读书三到。"所谓"心到"，就包含着思索、辨别的意思。

例如，"囊萤照读""凿壁偷光"，这已是千百年来脍炙人口的故事，常被用来激励读书人勤奋苦读，很少有人对它产生怀疑。鲁迅却认为这样的故事不可真信，更不能模仿。毕竟，要捉一袋萤火虫，并不是一件容易的事情；倘去凿穿邻居的墙壁，那后果会更糟，不仅会招来邻居的斥骂，而且还要向人赔礼，替人修房。

又如，《二十四孝图》是一本宣扬封建伦理的传统教材，那二十四位孝子的事迹被当作典范供人效法，然而，鲁迅却从这些故事中发现了"礼教吃人"的残酷事实。年幼的鲁迅并不反对孝顺父母，"无非是'听话''从命'，以及长大之后，给年老的父母好好地吃饭罢了"，然而，如果像书中"郭巨埋儿"的郭巨那样，因担心儿子会夺母亲的口粮而狠心活埋三岁的儿子，那么父亲在家境败落时，该埋的岂不正是自己吗！于是，当时那些被视为白璧无瑕的孝子形象，反而在鲁迅幼小的心灵中引起了极大的厌恶。

鲁迅后来以胜利者的姿态向旧世界宣告："孔孟的书我读得最早，最熟，然而倒似乎和我不相干。"

十四五岁时，鲁迅看过一本叫《蜀碧》的书，内容是渲染明末农民起义领袖张献忠在四川如何用酷刑杀人，读后令人毛骨悚然。

后来，鲁迅无意中找到了一本明抄本的《立斋闲录》。在这本杂录明代朝野遗闻逸事的笔记中，鲁迅看到了永乐皇帝的上谕，才知道这位皇帝是如何用屠戮、敲掠、刑辱压迫人民。两相比较，鲁迅的憎恨就移到永乐皇帝身上去了。"比较是医治受骗的好方子。"后来鲁迅在1934年发表的一篇杂文《随便翻翻》中总结道。

"读书三到"养成了鲁迅爱思考的习惯。鲁迅在他的第一篇白话短篇小说《狂人日记》中，曾经通过狂人之口发出了振聋发聩的反叛之声："从来如此，便对么？"

这种大胆怀疑和叛逆的精神，很早就在鲁迅身上得到了鲜明的体现。

"野孩子"和"野台戏"

在接受传统教育的同时，鲁迅又得以混进农村的"野孩子"群中，呼吸"小百姓"的空气，这成为鲁迅日后回忆中的美好部分。

鲁迅的外婆家在绍兴水乡，因此他童年时能跟母亲来到农村，同农村孩子一起放牛钓虾，摇船摘豆。最为迷人的，是在朦胧的月色中，乘着大白鱼似的航船，嗅着豆麦水草的清香，到仙山楼阁般的包殿去观赏社戏……这一切，都激起了鲁迅美好情感的浪花，增强了他对底层社会的同情和热爱。

1893 年秋，因恐受祖父的科场行贿案牵连，正在三味书屋读书的鲁迅和二弟周作人被送到了乡下外婆家中，第二年春天才回来。这段乡下避难的时光，使得鲁迅在跟泥土一样浑厚、淳朴的田夫野老身上，得到了别样的温暖和慰藉——这在那些称他为"乞食者"的亲戚本家那里，是得不到的。而贫瘠的乡村，"毕生受着压迫，很多苦痛"的苦难生活，又激发了他改革进取的强烈愿望。

在鲁迅的少年时代，绍兴流传着这样一首民谣：

地主租船到，
心头别别跳，
虚田要实收，
像在油里熬，
……

还有这样一首渔歌：

一日七百，
一日八百，
两日勿落，①

---

① 两日勿落，指两天不下江捕鱼。

饿得发白，

……

在曹娥江边的镇塘殿，鲁迅目睹盐工们在炎夏酷暑中一把干柴一把火地熬盐，褐色的脊梁弯成了弓形。在野兽出没的富盛山区，他又听到这样一个悲惨的故事：一个管坟的妇女整日辛劳，无暇照管自己的孩子。一天，孩子在门前剥豆，被野狼叼走了，脸上、胸部的肉和肠子都被吃得精光……

走出四角高墙的深宅，来到河网纵横的水乡，鲁迅不但了解了农村的生活状况，懂得了一些农业生产知识，而且还从那些在生活重轭下受难而始终不屈的贫苦农民身上，汲取了智慧和力量。

在上演目连戏的戏台上，鲁迅看到了一段《武松打虎》——"这是真的农民和手工业工人的作品"。开始武松的扮演者拼命地打虎，他对虎说："不打，不是给你咬死了？"接着，演员互换位置，虎的扮演者拼命咬武松，说："不咬，不是给你打死了？"

在后来的人生经历中，鲁迅时时记起这个跟《伊索寓言》相比也毫不逊色的杰作，总结出了"被压迫者对于压迫者，不是奴隶，就是敌人，决不能成为朋友"的道理。

在海塘边，鲁迅跟农家孩子一起"拨草寻蛇"。这些淘气的孩子用竹竿打动塘边的芦苇，几十条受惊的蛇一齐从芦苇丛中钻出，在他们身后紧追。孩子们机灵地来一个急转弯，趁蛇继续前蹿的时候，就狠狠打它们的七寸。后来，鲁迅也跟朋友说起这段往事，并用当年学得的打蛇的方法施之于恶人。

至今，在鲁迅寄居过的皇甫庄，还流传着一个"鲁迅打狗"的故事。

那时，村里有个恶霸养了一条狗，咬伤了十多个穷人。少年鲁迅看在眼里，恨在心头，便跟小伙伴一起打死了这条专欺穷人的势利狗。恶霸气势汹汹地要求赔偿，并提出要用安葬人的仪式安葬狗。鲁迅挺身而出，驳斥道："你家这条恶狗，不知咬伤了多少人。你要我们赔狗，首先你要赔人。"农民都支持仗义执言的"鲁家外甥"，理屈词穷的恶霸只好悻悻而退。

难以忘怀的农村生活，不仅使鲁迅养成了农民化的生活习惯，比如爱吃农家的炒饭，爱听深夜的犬吠，更为重要的，是使他开始跟底层人民建立了精神联系。这对他形成"下等人"胜于"上等人"的观点，以及日后创作以农民生活为题材的作品，都产生了极其明显的影响。

19世纪俄国伟大的思想家赫尔岑，曾经把那些出身于名门贵族而反抗沙皇统治和农奴制度的十二月党人比喻为"野兽的奶汁所喂养大的"。不过，十二月党人因为脱离人民群众而惨遭失败，而作为绅士阶级逆子贰臣的鲁迅，却在经历了曲折的人生道路后，最终投入了他的乳母——民众温暖的怀抱，成为中国民众忠诚的儿子。

我要到 N 进 K 学堂去了，仿佛是想走异路，
逃异地，去寻求别样的人们。

——鲁迅《〈呐喊〉自序》

第
二
章

石头城里月如钩

——鲁迅在南京（1898.5—1902.3）

1898 年 3 月 12 日，维新派人士主编的《知新报》译载了一张《瓜分中国图》，并在按语中大声疾呼："火及衽席，主者犹鼾睡未觉，其谓之何？爰亟译刊报内，以当当头之棒，凡我同类，其能无恫欤？"用大火就快烧到卧席而主人却还在酣睡，来比喻当时国内的危急形势。

的确，当时的中国灾难深重，已经处于"火及衽席"的险境了。1894 年清政府在甲午战争中惨败后，帝国主义列强掀起了瓜分中国的狂潮。就连萧疏荒凉的古城绍兴，也耸起了洋教堂的尖顶。

就是在神州风雨飘摇、列强虎视眈眈的情势下，青年鲁迅决心"走异路，逃异地"，离开故乡到南京寻求出路。

乌烟瘴气的水师学堂

父亲去世之后，家道更加败落。鲁迅既想读书又无钱交纳学费，唯一的出路便是去寻找无须学费的学堂。正巧本家叔祖周椒生在江南水师学堂担任汉文教习兼管轮堂监督（轮机科舍监），家里于是决定让鲁迅投奔他。

江南水师学堂是洋务派 1890 年 9 月创办的，以"振兴海军，培养水师人才"为宗旨。然而，甲午海战的惨败，宣告了洋务派

"新政"的破产。

1898 年 4 月底，17 岁的鲁迅告别了垂泪的母亲，离开故乡绍兴到南京去求学。此后，他为自己取了一个别名——"戎马书生"，意思是骑着战马的读书人。

1898 年 5 月，鲁迅考取了江南水师学堂试习生，试题为《武有七德论》。最初三个月为实习期，每月发零用钱 500 文；分配在管轮班为正式生之后，每月津贴二两白银，当时称为"赡银"。

那时社会上看不起这类学校，学生普遍受轻视，认为上这样的学校跟当兵差不多，不值得用真名字。每天清晨都要跪诵《金刚经》《太上感应篇》的叔祖周椒生，也觉得本家子弟进学堂"当兵吃粮"是一件不光彩的事情，不宜使用家谱上的本名周樟寿，因而取"百年树人"的典故，让鲁迅以"周树人"这个名字行于学堂。鲁迅后来就一直沿用这个名字。同样是因为周椒生的关系，鲁迅的叔父周伯升、二弟周作人和同族周凤歧都进过这所学堂。

水师学堂坐落在南京仪凤门内（今南京中山北路 346 号）。仪凤门即兴中门，是南京城西北面第一门。学堂大门有两个圆柱，一边写的是"中流砥柱"，另一边写的是"大雅扶轮"。操场上有一根 20 丈高的桅杆，如果爬到顶，便可以近看狮子山，远眺莫愁湖；即使从桅杆顶掉下来也没有危险，因为下面张着网。

江南水师学堂的学习生活非常单调。功课很简单，一星期中，几乎四整天是英文，学生们学"It is a cat.""Is it a rat?"（这是一只猫。这是一只老鼠吗？）；一整天是读汉文："君子曰，颍考叔，纯孝也。爱其母，施及庄公"；一整天无事做汉文：《知己知彼百战百胜论》《颍考叔论》《云从龙风从虎论》《咬得菜根则百事可做论》。

其实，鲁迅所说的"几乎四整天是英文"，并非专学英语单词和语法，而是包括了数学、物理、化学等中等课程，以及驾驶管轮的专业知识。只因这些课程都用英语讲授，所以通称为英文。在所有课程中，管轮班的学生更侧重于"勾股算学"，"更加习气学、力学、水学、火学、轮机理法"。[1]

鲁迅在水师学堂留下的课堂讲义，有一本名为《水学入门》，作者是美国传教士丁韪良，曾任清政府同文馆总教习。该讲义为鲁迅手抄本，字迹工整，附有大量用铅笔绘制的图解，内容分为"静水""流水""求水性以利民用"三个部分，可见鲁迅当年学习态度是非常严谨认真的。

在鲁迅看来，水师学堂是一所乌烟瘴气的学校。

校内弥漫着封建迷信的空气。就因为游泳池曾经淹死过两位年幼的学生，校方不仅填平了游泳池，不让这些学水师的人练习

---

[1] 《江南水师学堂简明单程》，《万国公报》22 册。

游泳，而且每年夏历七月十五盂兰盆会，还要请"红鼻而胖"的大和尚率领一批和尚到雨天操场来放焰口①，以把食物施放给饿鬼们。

校内等级森严，师生关系紧张。曾有一位职员把学生沈钊的名字读成"沈钧"，受到鲁迅和其他同学嘲笑。因此，鲁迅等人两天之内被接连记了两小过、两大过，倘若再记一小过，就会被开除；而一旦被开除，再投考其他学校就困难了。

水师学堂高年级学生跟低年级学生之间、管轮堂的学生跟驾驶堂的学生之间也时有冲突。因为从驾驶堂毕业之后可以成为船长，而管轮堂的学生至多成为大副，终究是船长的下属，所以驾驶堂的学生态度高傲，双方还发生过械斗。高班生与低班生的待遇更加悬殊，不仅寝室里配备的床板桌凳不同，伙食待遇也各不相同。因为有优越感，高年级的学生走起路来将肘弯撑开，活像一只横行的螃蟹，被鲁迅讽刺为"螃蟹式的名公巨卿"。对于管轮堂学生不许上甲板的规定，以及该校学制太长，鲁迅也都感到不满。他只在江南水师学堂待了半年就离开了。

江南水师学堂这种乌烟瘴气的状况，在鲁迅肄业以后仍无明显好转。1904 年 8 月（光绪三十年七月），兵部侍郎铁良视察

————————————

① 放焰口，一种对死者追悼、祭奠的佛教仪式。

了该校，所得印象依旧是落后、方法陈旧："学生敏捷英武者居多，惟教法太旧，堂规松懈，以致学生入学数年，尚未登舟演习。且查堂内小机器厂，屋内尘垢积满，不似逐日操作气象，所存新旧鱼雷，多碰伤者，办理殊欠认真。"[1]

矿路学堂的英俊少年

江南水师学堂落后的风气让鲁迅忍无可忍。半年后，1898 年 9 月，听说江南陆师学堂要附设矿务铁路学堂，鲁迅便赶紧去投考。

这两所学堂都隶属于两江总督，所以转学比较便宜。

矿路学堂创办的原因是在南京青龙山山脉中段发现了煤矿。当时以为产量较多，可以赢利，因而急需矿业人才。两江总督刘坤一给皇帝递了一份拟设农工商矿学堂的奏折，获得批准后，便一口气招收了 24 名"英俊少年，授铁路矿务诸学"[2]。

矿路学堂的入学考试分初试与复试两场，内容都是写作文，复试题为《不以规矩不能成方圆论》。最终，鲁迅榜上有名，成

---

[1] 《钦差大臣兵部侍郎铁奏陈查阅各省营伍炮台武备学堂情形折》，载《东方杂志》1905 年第 4 期。

[2] 《中外日报》1898 年 10 月 28 日。

了 24 名"英俊少年"中年龄最小的一个。鲁迅穿上了黑绒镶边酱紫色粗呢制的校服，在矿路学堂生活、学习了三年。

清末，海军学英国，所以江南水师学堂用英语教学；陆军学德国，所以江南陆师学堂附设的矿路学堂，其教学仿照德制。除修德文之外，矿路学堂还开设了格致（物理、化学的统称）、地学（地质学）、金石学（矿物学）、算学、地理、历史、绘图和体操等课程，教学方法主要是抄笔记。老师把整本书抄在黑板上，学生再从黑板上转抄到笔记本上。鲁迅一丝不苟，抄得又快又好。现仍保存完好的鲁迅手抄讲义有：《开方》《开方提要》《八线》《几和学》（内分《开端》《求作》《证题》三篇）和《地质学笔记》（英国地质学家赖耶尔的名著《地学浅说》）。

1901 年，当时被视为"新党"的俞明震出任矿路学堂督办。他坐在马车上的时候多半在看宣传维新变法的《时务报》，考汉文的时候出的题目也很新潮，如《华盛顿论》，急得顽固守旧的国文教员反过来惴惴地问学生："华盛顿是什么东西呀？"

在俞明震的带动下，矿路学堂读新书的风气便流行起来。鲁迅因而知道新出了一种清代学者严复用文言文译述的《天演论》。

《天演论》是严复根据 19 世纪英国生物学家赫胥黎的《进化论与伦理学以及其它论文》意译的，先以《天演论悬疏》为题连载于 1897 年 12 月至 1898 年 2 月的《国闻汇编》，1898 年 4 月由湖北沔阳卢氏木刻印行，同年 10 月天津嗜奇精舍出石印本，1901 年又由富文书局石印出版。

赫胥黎是达尔文主义的信徒，他的这部论文集，从比较解剖学、发生学、古生物学等方面，详细阐述了动物和人类的关系，确定了人类在动物界的位置，首次提出了人、猿同祖论。赫胥黎将达尔文的生物进化论扩至宇宙空间，简明通俗地论述了"适者生存"的宇宙观。然而，赫胥黎却反对将进化论应用于人类社会。他认为，伦理过程跟宇宙过程正好相反，社会进步与人类文明只有在以伦理抵抗宇宙的过程中才能实现。

严复不赞成赫胥黎后一部分看法，他将英国哲学家斯宾塞的社会学理论移植到赫胥黎的书中，又用占全书三分之一的篇幅撰写了三十多条按语。严复在赫胥黎关于"物竞"的主张之后，又增添了斯宾塞关于"天择"的观点，即"天择者，存其最宜者也"，并解释说："夫物既争存矣，而天又从其争之后而择之，一争一择，而变化之事出矣。"简而言之，严复译述的《天演论》，核心观点就是八个字：物竞天择，适者生存。

*

严复用文言文译述的《天演论》，光绪辛丑年（1901）富文书局石印出版。严复（1854—1921），字几道，福建侯官人。

在清政府接连签订了丧权辱国的《马关条约》《辛丑条约》后，亡国灭种的危机迫在眉睫，此时严复概括的"物竞天择，适者生存"的进化观，让爱国志士进一步认清了世界各国竞争的残酷性，懂得了"立者强，强者昌；不立者弱，弱乃灭亡"这一浅显但关乎民族命运的道理。

鲁迅一口气读完了《天演论》，兴冲冲赶到江南水师学堂，送给在那里就读的二弟周作人看。周作人在1902年2月2日的日记中记载："晚大哥忽至，携来赫胥黎《天演论》一本，译笔甚好。"

当晚，鲁迅就住在周作人的宿舍里，兄弟两人同读此书，又一起看《苏报》等进步刊物。他们兴奋地读着，热烈地讨论着，到半夜才睡。第二天上午，鲁迅才返回矿路学堂。

继《天演论》之后，严复的译著只要一出，鲁迅就买，如英国亚当·斯密的《原富》①、约翰·穆勒的《名学》《群己权界论》、斯宾塞的《群学肄言》、甄克思的《社会通诠》、耶芳思的《名学浅说》，以及法国孟德斯鸠的《法意》②。鲁迅还购买了日本加藤弘之的《物竞论》等相关著作，对进化论学说进行深入的研读。

———————————

① 《原富》，今通译《国富论》。
② 《法意》，今通译《论法的精神》。

　　严复的译著对青年鲁迅产生了深刻影响，使他深深感受到民族危亡之紧迫。严复的译著主要以美洲和非洲为例，说明列强对弱小国家、弱小民族"弱肉强食"的残酷，并以印度、波兰为前车之鉴，为中华民族敲响了生死存亡的警钟。鲁迅在南京求学期间阅读过《波兰衰亡战史》。后来，鲁迅在翻译活动中多涉及弱小民族反抗的作品，不能不说跟严复的影响有关。

　　救亡必须变革，变革必须解放思想。而解放思想的实质和核心内容是改变思维方式、优化思维方式。在戊戌变法时期，顽固派阻挠改革，认为"祖宗之法不可变"；而严复译介的达尔文学说却认为，一切生物都能发生变异，至少有一部分变异能够遗传给后代，宇宙是受"物竞天择"规律支配而发展变化的，人类社会同样如此。这就打破了"天不变，道亦不变"的思维定式，使鲁迅初步形成了"将来必胜于过去"的发展进化的历史观、"排击旧物，催促新生"的斗争观。

　　严复的译著，也使鲁迅开始思考提升国人素质的问题。鲁迅称严复为"19世纪末中国感觉敏锐的人"。"感觉敏锐"，就是指严复强烈感受到了提高中国人素质的重要性。严复认为，国家是墙，人民是砖，砖不牢则墙不牢；政治是草木，人民是土地，土不沃则草不肥，所以必须开发民智，提升民德，增强民力。国与国之间的竞争，从某种意义上讲就是不同民族素质之间的竞争。鲁迅此后的科学活动和文学活动，都服务于"立人"这一宗旨，显然也跟严复的影响有关。

尽管严复对进化论深信不疑，但他通过留学英国期间对英国社会的观察体验，认识到西方社会的进步大部分体现在物质方面（即"器"的方面），而在德育（包括教化风俗）方面的提高非常有限，产生了贫富分化、作奸犯科等负面社会效应。鲁迅正是受严复这一观点影响，提出了"掊物质而张灵明"[①]的口号，主张破除对物质文明的迷信，转而弘扬精神力量。鲁迅对西方社会物欲横流、精神滑坡的揭露和批判，为中国现代化之路提供了照鉴。

鲁迅发愤阅读新书报的行为，引起了顽固守旧的叔祖周椒生的不满，他责令鲁迅抄礼部尚书许应骙的《明白回奏并请斥逐工部主事康有为折》。这个奏折痛斥维新派的变法主张，认为这些主张是抄袭西方的说法，不但不可行，而且主张者一定还居心不良，即"袭西报之陈说，轻中朝之典章，其建言既不可行，其居心尤不可测……"若干年后，鲁迅结识了许广平，想起这桩往事，他开玩笑地说："早在南京求学时期，我就吃过你们许家的苦头。"

除了严复的译著，鲁迅在南京还阅读了另一位翻译家林纾（字琴南）用古文翻译的外国小说，如《巴黎茶花女遗事》《包探案》《长生术》《埃及金字塔剖尸记》《撒克逊劫后英雄略》《鬼山

---

① 鲁迅：《文化偏至论》，载《河南》1908 年 8 月刊。

狼侠传》等。林纾的译作打开了鲁迅的文学视野，但其中明显的误译也不少，鲁迅和周作人对此均感不满，这激发了他们从事翻译活动的愿望。周氏兄弟后来合译英国哈葛德的《红星佚史》（《世界的欲望》），就是为了矫正林译的弊病。

鲁迅在矿路学堂时，年龄虽然是最小的，但却表现出过人的聪慧。当时矿路学堂规定，每星期只作文一次，获得第一名者，赏三等银牌一个；每月月考一次，名列第一名者，赏三等银牌一个。四个三等银牌可以换一个二等银牌，四个二等银牌可以换一个三等金牌。同学中独有鲁迅换得金牌，可见鲁迅成绩之优异。鲁迅得到金牌后往往就将它变卖了，然后买书籍，买点心请大家吃。

生活上鲁迅十分俭朴，冬天仍穿夹裤，棉袍的两肩已经没有棉花。为了御寒，他只得多吃辣椒，以至成了嗜好。

紫金山上月圆月缺，石头城畔潮落潮生，鲁迅不觉在南京度过了三年多的时光。

光绪二十七年十二月十八日（1902年1月27日），鲁迅以一等第三名的成绩获得矿路学堂的毕业执照。两江总督刘坤一给他们这第一批、也是最后一批的矿路学堂毕业生签署了证书。据说，只有一等生有《执照》，二、三等生只有《考单》。龙纹云纹环绕的《执照》上，写着鲁迅的年龄、籍贯、成绩，左侧签名处郑重地写着"右照给一等学生　周树人　收执"。

*

光绪二十七年十二月十八日（1902 年 1 月 27 日），
鲁迅以一等第三名的成绩获得的矿路学堂毕业执照。

一次无疾而终的考秀才

绍兴是重科举的"名士之乡"。仅从清顺治三年（1646）至乾隆三十九年（1774），绍兴府的举人就多达656人，居全国科甲排行榜前6位。读书、应试、做官，这一直被当地视为读书人的"正途"。

鲁迅房族的发迹，即始于六世祖周韫山在清乾隆年间中举。鲁迅祖父周福清先后参加过乡试、会试和殿试，差一点中了翰林，被皇帝授了一个"翰林院庶吉士"的头衔，当了一任江西省金溪县知县。鲁迅的父亲周伯宜文运不佳，但也中过秀才，被称为"秀才相公"。鲁迅厌恶仕途，尤厌八股文，但作为周家的长房长孙，青年时期鲁迅也参加过一次科举考试。

1898年冬天，鲁迅已考取江南陆师学堂附属矿务铁路学堂。因学校外籍教员尚未到任，学校推迟开学时间，所以鲁迅从南京回绍兴省亲，正好赶上了当年的会稽县考。这属于童生考试，考好了即能中秀才。鲁迅虽然对此毫无兴趣，但堂叔周伯文和周仲翔一再动员他赴考。迫于无奈，鲁迅只好在毫无准备的情况下参加了十一月初六（1898年12月18日）举行的这场县考。

戊戌年十一月二十九（1899年1月10日）发榜，鲁迅在五百多个考生中名列第137，是还不错的成绩，但他考完立刻就回南京了。

戊戌年十二月初二（1899年1月13日）在杭州举行府考，鲁迅没有参加。堂叔觉得可惜，极力动员鲁迅的母亲找人代考，以便在考试档案中保留一个名字，进一步参加院试。这位代考者名叫莫理京，是堂叔周仲翔的内弟，结果他只考了第320名。

鲁迅参加的这次科举考试，是清政府最后一次以八股文开科取士。

八股文是明清科举考试特别规定的文体，每篇必须由破题、承题、起讲、入手、起股、中股、后股、束股八部分组成，字数有一定限制，句法要求排偶，题目取自"四书""五经"，不能自由发挥，非常束缚思想。1901年，清政府下诏改革科举制度，废八股；1905年正式废科举、兴学堂，存续了近1300年的科举制度彻底在中国终结。

值得一提的是，跟鲁迅一起参加这次会稽县考的考生中，名列第一的是住在绍兴东关长塘后庄村（今上虞区）的马一浮（1883—1967）。马先生幼名福田，少年时读书过目能诵，时称神童，后来成为国学大师，工于诗词，精于书法。更难能可贵的是，在岳父汤寿潜的培养下，他掌握了法、德、日、俄、西班牙、拉丁文等六种语言。马一浮是最早把马克思《资本论》引进中国的人。新中国成立后，马一浮曾任浙江文史研究馆馆长、中央文史研究馆副馆长，是第二、第三届全国政协特邀代表。周恩来总理曾尊称他为"中国当代的理学大师"[①]。鲁迅跟他同科赴考，也算是一段文坛佳话。

[①]　散木：《儒学大师马一浮与共和国领导人的交往》，原载《党史博览》2014年第9期。

灵台无计逃神矢，风雨如磐暗故园。
寄意寒星荃不察，我以我血荐轩辕。

——鲁迅在断发小照背后的题词

第
三
章

东渡扶桑的"盗火者"

——鲁迅在日本（1902.4—1909.8）

从矿路学堂毕业后，1902 年 3 月 24 日，鲁迅被两江总督作为"南洋官费生"派赴日本留学。

水师学堂的同窗好友胡韵仙怀着依恋和钦慕之情为鲁迅送行，用一首赠别诗表达了对鲁迅的殷切期望：

英雄大志总难侔，跨向东瀛作远游。

极目中原深暮色，回天责任在君流。

是啊，"回天责任在君流"。远在一千多年前，日本遣唐使就曾顶着险风恶浪，到中国来寻求友谊、探索知识。而今，曾长期落后于中国的日本，由于破除陋习，求知识于世界，尤其是经过明治维新之后，国力变得强盛起来。而中国作为世界文明的发源地之一，却如同海中的回水，还在原地旋转。一个伟大的充满自信力的民族，应该像大海一样有容纳新潮的恢宏气魄；而不能像一只贮存标本的酒精瓶，让科学文化保持在凝固不变的状态。抱着求索新知和救亡图存的目的，鲁迅在日本度过了七年青春岁月。

弘文学院的进修生

到达日本后，鲁迅先进入了位于东京的弘文学院，进修日语。

弘文学院的前身是 19 世纪末期日本政府委托东京高师为清朝留学生设置的补习学校，以日语为正科，以数理化等"新学"为副科，毕业生相当于日本附属中学三四年级水平。

1902 年弘文学院正式成立，校本部在东京牛込区（今新宿区）西五轩町三十四番地。

鲁迅入学时，弘文学院的学生仅有五十余人；后来由于学生增多，学院又在大冢、麴町、下谷、神田、巢鸭等地增设了新校舍。弘文学院修三年课程为普通科，研修八九个月为速成科。

鲁迅进了普通科江南班。

那时，初到东京的留学生都还留着辫子，一般都把辫子盘在囟门上，方便戴帽子。鲁迅在弘文学院的第二年（1903）春天，在江南班带头剪掉了象征民族压迫的辫子，并拍照留念。

在断发小照背后，鲁迅题写了一首七言绝句，赠给弘文学院浙江班的好友许寿裳，表达了誓将一腔热血报效祖国的决心：

　　灵台无计逃神矢，风雨如磐暗故园。
　　寄意寒星荃不察，我以我血荐轩辕。

1903 年初，鲁迅和陶成章、许寿裳、经亨颐等 27 位绍兴籍留日学生，在东京清风亭举行"同乡恳亲会"。他们联名发表了一封六千余字的致绍兴同乡公函，信中列举大量事实，把当时中日两国教育、政治、工艺三方面的情况进行了鲜明对比，尖锐指出：中国要想洗尽海疆要隘割弃殆尽、人民大众沦为牛马的奇耻大辱，就必须改变闭关自守、锁国愚民的政策，抛弃夜郎自大、故步自封的态度——"欲与各国争，必先师而后争之。欲与各国敌，必先学之而后能敌之"。这封"化东海之水以为血泪"写成的信件，真挚地表达了鲁迅等爱国青年满腔的忧愤和匡时济世的雄心。

在弘文学院学习期间，鲁迅开始编撰《中国矿产志》。这一工作直到 1905 年才完成。合作者顾琅，本名芮体乾，是鲁迅在南京矿路学堂的同学，他主要负责约写序文，接洽出版，呈请农工商部和学部鉴定。顾琅文笔不够信达，所以他分担的那一部分，鲁迅又统一文风，进行润色。

由于条件限制，鲁迅和顾琅不可能到全国各地进行实地考察，但他们尽可能编译当时能收集到的东西方相关资料，甚至包括弘文学院教师佐藤传藏编撰的《矿物学及地质学》。虽然《中国矿产志》中专有名词的译法跟这份讲义有所不同，如书中所介绍的"儴拉纪"讲义中作"侏罗纪"，但编写的体例和知识系统是大体相同的。[①]

《中国矿产志》是第一部运用近代自然科学原理，系统介绍中国矿产资源的书籍，也是一部洋溢着爱国热情的独具特色的科学论著。

中国矿产资源分布广泛，煤炭资源蕴藏尤其丰富，用鲁迅的话来说，就是"掘起地下的煤来，就够全世界几百年之用"。但自鸦片战争之后，西方列强的地质、地理学家纷至沓来，借科学考察之名行掠夺之实。《中国矿产志》提到的聂诃芬，今译为李希霍芬，是一位德国地质学家。他受上海西商会之命，在中国调查煤矿分布情况，绘制了一张《中国煤田图》，而后向德国政府献策，建议占领山东胶州湾，以便扼住交通咽喉，从海上运走中国的矿产资源。

鲁迅在1903年撰写的《中国地质略论》中向国人呼吁："吾广漠美丽最可爱之中国兮！而实世界之天府，文明之鼻祖也。""中国者，中国人之中国。可容外族之研究，不容外族之探捡；可容外族之赞叹，不容外族之觊觎者也。"

鲁迅介绍中国矿产的分布状况，目的就在于唤醒国人，使他们面对列强的瓜分狂潮"而惊，而惧，而愤"，然后"奋袂而起"，共同保卫国土资源。

---

① 谢泳：《中国现代文学史料的搜集与应用》，（台湾）秀威资讯科技股份有限公司2010年版。

*

鲁迅剪掉象征民族压迫的辫子后，拍摄断发小照留念。

《中国矿产志》1906年由南京启新书局、上海普及书局和日本东京留学生会馆出版，一面世就受到读者欢迎。上海复旦公学校长马良在序言中说："顾、周两君学矿多年，颇有心得，慨祖国地大物博之无稽，爰著《中国矿产志》一册，罗列全国矿产之所在，注之以图，陈之以说，使我国民深悉国产之所有，以为日后开采之计，致富之源，强国之本，不致家藏货宝为他人所攘夺。"寥寥数语，道明了二人编撰此书的初衷。

清政府农工商部对《中国矿产志》评价很高，推荐各省矿务议员、商务议员、各商会购买；清政府学部则批准此书"作为中学堂参考书"。到1911年11月，此书共印行了四版。

1903年10月，鲁迅在《浙江潮》月刊第8期发表了科学论文《说鈤》。"鈤"是化学元素"镭"的旧译名，是1898年12月由居里夫人宣布从沥青铀矿中发现的一种前所未知的放射性元素。镭的发现打破了科学领域的许多固有观念，在近代科学史上具有里程碑意义。在镭被发现五年之后，22岁的鲁迅率先将其译介到中国。这反映了他关注科学前沿成果的国际视野，也反映了他希望通过传播先进的科学知识来救国救民的心愿。

*

鲁迅据日译本翻译的法国科幻作家儒勒·凡尔纳的作品《月界旅行》（今译《从地球到月球》）和《地底旅行》（今译《地心游记》）。

　　然而，科学论著跟旧中国劳苦大众的距离太远了。于是，鲁迅想到借助小说的形式来传播科学知识，"导中国人群以进行，必自科学小说始……于不知不觉间，获一斑之智识，破遗传之迷信，改良思想，补助文明"①。为此，鲁迅翻译了法国科幻小说之父儒勒·凡尔纳的三本小说：《月界旅行》（今译《从地球到月球》）、《地底旅行》（今译《地心游记》）和《北极探险记》。

　　不过，由于鲁迅并非据法文原版直译，而是从日译本转译，而日译本把《月界旅行》的作者误为"美国的查理士·培伦"，把《地底旅行》的作者误为"英国的威男"；此外，日本翻译界当时流行一种对原著任意增删改写的译风，所谓"豪杰翻译"，鲁迅一度受到这种译风影响，所以他把《月界旅行》日译本的 28 章压缩成了 14 回，又把《地底旅行》日译本的 17 章压缩成了 12 回，已形同改写了。

闹退学、跑书店、听讲演

　　鲁迅在弘文学院的第二年，1903 年 3 月 26 日至 4 月 16 日，因不满学校的制度，中国留学生掀起了一场退学运动。

---

① 出自鲁迅翻译的《月界旅行》译者序。

当年清朝留日学生的官费每月约 36 日元，并不算低；但弘文学院每月所收学费约 25 日元，所以学生的零花钱所剩无几。学生八人共一寝室，住在楼上；另辟一自修室，在楼下。辛亥革命领袖人物黄兴（字克强）当年也在这里留学，鲁迅见过他打着赤膊，手挟洋瓷脸盆，从浴室经过大院子，大摇大摆地走入自修室的情景。

弘文学院校规规定：留学生临时归国也需每月交纳六元五角学费；每月校方只负责洗三次校服，自购衣物洗涤由学生自理；学生看病校方只负责支付两周之内的医药费。

因不满这些规定，1903 年 3 月 26 日，学生们提议修改校规：一、临时归国者请假期间不向校方交纳费用；二、洗衣改为一月四次，即增加一次，其中包括被单；三、报销医药费全年以 14 次为度。此外，学生们也希望能提高教学质量。

不料，校方对学生的要求采取了漠视的态度，教务干事三矢重松还威胁要处分"闹事者"。这激怒了学生。

3 月 29 日上午，包括鲁迅在内的 52 名留学生写下退学书，整理好行李，纷纷离校。鲁迅也将自己的物品打好包，寄存到了友人处。

这次退学风波持续了大约 20 天，校方和学生都做了让步。校方将临时归国学生每月的学费降低至四日元，承诺增加学生的衣物洗涤次数，并撤换教务干事三矢重松。

学生们则同意于 4 月 16 日返校，举行复学式。会上，总监督向院长致歉，而后院长解释职员的过失，最后学生代表致答词。

这是鲁迅生平第一次参加学生运动。

反对学院经济上对留学生的无理苛索，实质上是反对清政府腐败无能，让外国人代兴教育，以贻国耻。在同年的拒俄运动中，鲁迅虽然没有参加拒俄义勇队，但编译了一篇《斯巴达之魂》，刊登于《浙江潮》第 5 期，借斯巴达人抵御希腊军队入侵的英勇事迹，激发中华民族的尚武精神，从而抵抗沙俄的侵略。这些都表明，身在日本的鲁迅，心中牵挂的还是祖国的兴衰与安危。

鲁迅在东京时，除了正常的学习生活之外，就是跑书店、往集会、听讲演。

跑书店是鲁迅最大的爱好。日本东京有一条驰名世界的神田书街，早在 1875 年就出现了书店，有很多各种各样的独立小书店出售不同国家的新旧书籍。鲁迅以跑神田区的旧书店为乐趣。

书店左右两壁跟中央的大床上都是书，精明的掌柜目光炯炯，坐在榻榻米上，就像静踞在蜘蛛网上的一只大蜘蛛。有一次，鲁迅想买一本德文版的《小约翰》，跑到南江堂去，无书；又到丸善书店，也无书，只好托丸善书店去德国邮购，3 个月后终于买到了这部荷兰作家望·蔼覃的作品。多年以后的 1926 年，在教育部同事齐宗颐的协助下，鲁迅终于把这部"无韵的诗，成人的童话"译成了中文。

鲁迅在东京参加的第一次集会，是听吴稚晖的演讲。吴稚晖插科打诨、哗众取宠的演讲并没有给鲁迅留下好印象，而秋瑾（1879—1907）的演说却令鲁迅印象深刻。

1905 年 12 月，日本文部省颁布《清国留学生取缔规则》，目的是对留日中国学生的革命活动进行限制。这激起了留日学生的公愤，以秋瑾为代表的激进派主张退学归国，从事实际的反清革命活动。当时，秋瑾多次发表慷慨激昂的演说，并拔出一把倭刀插在桌上说："如果有人回到中国，投向清廷，卖友求荣，吃我一刀。"

而包括鲁迅在内的另一部分人则认为，甲午之耻未雪，又订《辛丑条约》，远到日本原为忍辱求学，以期增进知识技能更好地报效故国和民族，不必激愤于一事。

秋瑾后来在致友人信中，表示退学归国以示抗议的留日学生跟暂时忍辱以成其学的留日学生是殊途同归，希望不久能相会于中原，雪尽国耻。

在东京讲演时的秋瑾大义凛然的革命者形象令鲁迅难忘，他的小说《药》中出现的隐形人物夏瑜，就是以秋瑾烈士为原型的。

留日期间，鲁迅还秘密参加了反清革命团体光复会。因为鲁迅不赞同光复会的暗杀方式，光复会又跟同盟会产生了摩擦，所以鲁迅不大愿意提及。但鲁迅笔下活灵活现地再现了一位光复会骨干分子陶成章（1878—1912）的形象：

> 想起来已经有二十多年了，以革命为事的陶焕卿，穷得
> 不堪，在上海自称会稽先生，教人催眠术以糊口。有一天他
> 问我，可有什么药能使人一嗅便睡去的呢？我明知道他怕施
> 术不验，求助于药物了。其实呢，在大众中试验催眠，本来
> 是不容易成功的。我又不知道他所寻求的妙药，爱莫能助。
> 两三月后，报章上就有投书（也许是广告）出现，说会稽先
> 生不懂催眠术，以此欺人。清政府却比这干鸟人灵敏得多，
> 所以通缉他的时候，有一联对句道："著《中国权力史》，学
> 日本催眠术。"①

鲁迅难忘陶成章穿一双草鞋，用麻绳做腰带，为革命四处奔
波的身影；曾协助他编辑《浙江潮》杂志，并替他保管过光复会
的机密文件，如会党的联合会章程、缎质和布质的空白票布（相
当于身份证）等。

鲁迅后来还多次忆及年仅20岁即为革命献身的邹容烈士
（1885—1905）。当年有一位叫姚文甫的"南洋留学生监督"，当成
城学校八名学生围殴一位留学生并造成重伤时，他竟宽容校园施暴

---

① 鲁迅：《华盖集续编·为半农题记〈何典〉后，作》，《鲁迅全集》第3卷，人民文学出
版社2015年版，第322页。

者，而主张开除那位被群殴的学生。1903 年 3 月 31 日晚上 10 点，姚文甫正与一钱姓女子私通，邹容等五名学生破门而入，先扇其耳光，后剪其辫子，悬挂在清朝留学生会馆示众，并限令姚文甫于次日凌晨离开东京。鲁迅后来把这件事写进了小说《头发的故事》里。

1903 年 5 月，邹容撰写了反清檄文《革命军》，共七章，约两万字。这篇檄文使鲁迅深受激励。他在《坟·杂忆》中说："倘说影响，则别的千言万语都抵不过浅近直截的'革命军马前卒'邹容所做的《革命军》。"1905 年 4 月 3 日，邹容死于上海租界的狱中，临终遗愿是"一朝沦地狱，何日扫妖气"。1929 年 2 月，杭州西湖博览会为设先烈博物馆征集遗物，包括征集"落伍者的丑史"，那目录中，竟有"邹容的事实"。这使鲁迅深感悲愤，提笔写了一篇《"革命军马前卒"和"落伍者"》，歌颂这位不应该为民众忘却而实际上已被一些人忘却的辛亥革命先烈。孙中山曾在《建国方略》中称赞这位青年革命家，认为"邹容著有《革命军》一书，为排满最激烈之言论，华侨极为欢迎"。

鲁迅在东京时也常去清政府留学生会馆。会馆位于东京神田区骏河台十八番地，有一座两层洋楼，附两栋日式建筑。洋楼上下八间房，有办公室、会客室、阅览室、音乐室、图书室、健身室，1902 年 3 月由有关清政府官员和留学生共 258 人捐助 3717 日元建成。会馆由驻日公使兼任总长，副总长是钱玄同之兄钱恂。12 名干事中有后来的反袁名将蔡锷，也有被冠以"卖国贼"之名的曹汝霖、章宗祥。

*

鲁迅在弘文学院的毕业照，1904 年摄于东京。

中国留学生会馆的门房里有一些书卖，有时还值得一转。如果是在上午，里面的几间洋房也还可以坐坐。但一到傍晚，就有人学跳舞，有一间的地板便常不免要咚咚咚地响得震天，弄得满房烟尘。

当然，还有更加行为不端的留学生，如一位冶游子弟居然带日本妓女到会馆开房，结果被开除了会馆的会籍。

鲁迅后来转学到仙台，恐怕和这些印象有关，毕竟，"东京也无非是这样"。

仙台医专和"幻灯片事件"

1904 年 4 月，鲁迅从弘文学院毕业。当时，原矿路学堂选派的留日学生理应进入东京帝国大学工科所属的采矿冶金科，而鲁迅却偏偏申请进入位于日本东北部的仙台医学专门学校。这所学校的前身是 1872 年设立的县立医学所，几经变迁，于 1901 年从仙台第二高等学校医学部分离独立。

鲁迅通过阅读史书，知道了日本维新是大半发端于西方医学的事实，于是决定不学开矿，而改学医学，以便卒业归国后，救治像他父亲一样被庸医所误的病人，并借此增进国人对于维新的信仰。

鲁迅的入学申请三天后即获批准，仙台医专免收他的学费和入学金，清政府每月还发给他 36 日元的生活费——当时日本政府给日本学生提供的生活费每月只有 13—22 日元，学校教授的月薪也只有 50 日元左右，所以鲁迅除了租房、吃饭之外，还有余款买书、抽烟、吃零食，假日还可以外出旅游，完全无须勤工俭学。

学校附近有一剧场，叫"森德座"，演歌舞伎也演新剧。鲁迅有时候花 8 分钱买一张站票，可以借此学一点口语。学校便门对面有一家牛奶铺，叫"晚翠轩"，兼卖面包和点心，还备有《河北新报》《东北新闻》和官报，任顾客阅览。鲁迅通过这些报纸看到一些怪事奇闻，也了解到他所关心的国内外大事。

此时的鲁迅虽然衣食无忧，但在学习上却需要克服重重困难。鲁迅是免试入学，基础知识相对薄弱，听课还存在语言障碍，要避免留级，就必须付出超出常人的努力。所幸的是，在仙台医专，他得到了解剖学教授藤野严九郎的关爱。

藤野严九郎（1874—1945）是一位不修边幅的老师，面容黑瘦，八字须，戴眼镜，讲课时操着读古文似的抑扬顿挫的音调——"解剖学者乃初学医者片刻不能离之物也"，常惹得一些同学笑出声来。

藤野严九郎毫无民族偏见，真心希望通过鲁迅把新的医学知识传播到中国。他发现鲁迅刚入学时日语不够熟练，影响了听课效果，便在课余耐心进行辅导。

那时，仙台医专没有正式的教科书，记好笔记是学习中很重要的一环。藤野先生每周都详细批改鲁迅的笔记，连一条血管画得偏移了一点也给改正过来。有一次测验骨骼系统的知识，他拿出一些人骨，问这是左手骨还是右手骨——其实那是脚胫骨。从这一细节可以看出，跟其他老师比较起来，藤野先生很注意培养学生独立思考的能力。在藤野先生的帮助下，第一学年结束时，鲁迅在142名同学中考了第68名。尽管这是个中等成绩，但全班留级的却有30人。

这时候，有同学怀疑鲁迅取得这样的成绩是由于藤野先生泄露了试题，便找借口检查鲁迅的笔记。学生会干事也来向藤野先生了解情况。

"是吗，谢谢，没有那样的事情。"藤野先生回答道。

藤野先生的爱护与温情，使远在异国的鲁迅心中感激，以至于后来回忆起藤野先生，鲁迅这样说道："在我所认为我师的之中，他是最使我感激，给我鼓励的一个。"[1]

鲁迅在仙台求学期间，正值日俄战争爆发。当时，放映幻灯片是日本战时宣传的一种手段。常用幻灯片进行细菌教学的仙台

---

[1] 鲁迅：《朝花夕拾·藤野先生》，《鲁迅全集》第2卷，人民文学出版社2005年版，第318页。

医专，也插空在课堂上放映一些日俄战争的幻灯片。

有一次，鲁迅在幻灯片上看到了自己久违的同胞，其中一人因替俄军做侦探而被日军砍头示众，而围观的同胞却流露出麻木的神情。讲堂里的日本学生拍掌欢呼起来，那刺耳的"万岁"声像利刃似的铰割着鲁迅的心，使他感到强烈的震动和巨大的痛楚。

"幻灯片事件"是鲁迅弃医从文的直接动因。鲁迅在回忆散文《藤野先生》中这样描述："……第二年添教霉菌学，细菌的形状是全用电影来显示的，一段落已完而还没有到下课的时候，便影几片时事的片子，自然都是日本战胜俄国的情形。但偏有中国人夹在里边：给俄国人做侦探，被日本军捕获，要枪毙了，围着看的也是一群中国人；在讲堂里还有一个我。……'万岁！'他们都拍掌欢呼起来。"[①]

当年放映的幻灯片至今仍留存了 15 张，丢失了 5 张，内容均取材于日俄战争初期的场面，但未发现中国人围观同胞被杀的那一张。

鲁迅当时的同学铃木逸太郎后来回忆道：幻灯片中好像有喊"万岁"的场面，但学生大体都是静静地看着。后来才听说这件

---

① 鲁迅：《朝花夕拾·藤野先生》，《鲁迅全集》第 2 卷，人民文学出版社 2005 年版，第 317 页。

事成了周树人退学的理由，当时周树人却没有说过这件事。[1]

那么，鲁迅在《藤野先生》中关于"幻灯片事件"的描写，是不是存在艺术加工或者想象的成分？

据当时报纸报道，仙台市民为庆祝日俄战争中日军的胜利，在 1904 年至 1905 年期间至少举行过五次祝捷大游行。那种欢呼"万岁"的场面，肯定会使鲁迅深受刺激。那张中国人围观同胞被处死的幻灯片虽然至今未找到，但当时日本报刊确实刊载有类似的图片，当地《河北新报》还有相关报道："听说今天（十七日）下午三点，有俄探被斩首，我恰好走在从兵站部回来的路上，就也跟去看。地点在铁岭街市南面约有五丁（约合一华里多）的坟地里。……看热闹的还是那些华人（'中国佬'），男女老少五千多人，挤得风雨不透。蒜味扑鼻而来，令人非常难受，无法可想。不久时刻到了，被定为俄探的四名中国人，看来都是四十岁左右，被我宪兵牵着绑绳，像屠宰场的羊似的走来了。宪兵又在看热闹人的眼前，拉着转了几遭让人看；这时那四个人脸色变青，没有一点血色。看热闹的人一声不响地凝视着……"[2]

日俄战争发生在 1904 年 2 月至 1905 年 9 月，导因是争夺在中国东北和朝鲜半岛的权益，战争主要在中国境内进行。《河北

---

[1] 薛绥之主编：《鲁迅生平史料汇编》第二辑，天津人民出版社 1982 年版，第 103 页。原文中作铃木逸太，应为铃木逸太郎之误，今改。

[2] 风云儿：《俄探四名被斩首》，日本《河北新报》1905 年 7 月 28 日。

新报》描述的这一幕就发生在辽宁铁岭。那四个被称为俄探的中国人，被俄军威逼利诱，到日本兵站的粮仓和弹药库放火未遂；但他们此前又被日军威逼到日本兵站干活。他们的头被日军用刀砍下，而围观的五千同胞却噤若寒蝉。

日俄战争期间，鲁迅正在仙台医专读书，市民游行的场面他肯定会目睹，同胞作无谓牺牲的报道他肯定也会读到。这促使他认识到，中国民众的麻木不是医学可以疗治的，要改变他们的精神状态必须运用文艺的利器。于是，鲁迅决定弃医从文，以拯救中华民族的灵魂为急务。

《藤野先生》中的某些细节或许和客观事实略有出入，但它折射出的其实是鲁迅的心理真实，是在内忧外患的时代背景下，鲁迅的灵魂悸动。鲁迅认为，治疗人民的精神麻木症是比治疗他们身体的疾病更为紧要的事情，于是他毫不犹豫地重新选择了自己的志愿和生活道路，即拿起文艺的听诊器，去诊察时代的脉搏、社会的病变；他要操起文艺的解剖刀，去戳穿时代的痈疽，治愈人民精神上的病瘵。

藤野先生为鲁迅不能成为医生而感到惋惜。他把自己的照片送给鲁迅作为留念，并在后面深情地写下了"惜别 藤野 谨呈周君"。这张照片后来被鲁迅挂在北京寓所的东墙上，书桌对面。

1906 年 3 月 15 日，鲁迅正式从仙台医专退学。

这位曾立志用医学来救助国民的青年，彼时内心已发生重大变化。他告别了层峦叠嶂的青叶山和流水清清的广濑川，从枫叶如丹的仙台回到樱花烂漫的东京，开始了他的文艺活动。

"新生"运动

柔和的曙光悄悄地透过窗棂，房东老太太推开纸门，屈身爬出来整理房间。

身穿和服的鲁迅却刚刚倒在榻榻米上睡着。

日本式的房间一般都离地尺许，木板地上铺着草席，每席长六尺、宽三尺，两侧加麻布黑边，叫作"榻榻米"。人们平时两膝踞地伸腰跪坐，倦时则随便卧倒，晚上从壁橱取被摊开，就可以睡觉了。

有些中国留学生睡惯了床，到了日本只好将壁橱的上层权作卧榻，鲁迅觉得十分滑稽。长期以来，鲁迅一直过着简单的生活，他对于这种朴素适用的日本式房屋倒很欣赏。即使地上只铺着稻草，他照样可以倒头酣睡。

房东看到室内矮脚书几上的洋灯罩上熏满了黑烟，浅紫色的"七宝烧"景泰蓝花瓶旁边堆满了书籍、稿纸，炭盆里插满了香烟头，像是一个大马蜂窝，便知道这位来自中国的青年房客又熬了一个通宵。

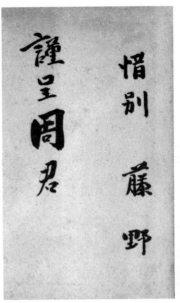

*
藤野先生送给鲁迅留念的照片及题词。

这是 1907 年的春天，鲁迅住在东京本乡区东竹町的"中越馆"。

鲁迅离开仙台重返东京之后，就开始从事他的"新生"运动。当时，同盟会领导的民族革命运动迅速高涨。围绕改革中国的道路问题，积极传播民主革命思想的《民报》与主张君主立宪的改良派的《新民丛报》展开了一场大论战，在日本的中国留学生几乎都卷入其中。鉴于当时的革命派把主要精力放在组织武装起义方面，作为同盟会机关报的《民报》又偏重于政治和学术，无暇顾及文艺，于是鲁迅决定筹办一本名为《新生》的文艺性杂志，致力于国民性的改造。他认为，要使古老的中华民族获得新的生命，单纯排满是不够的，还必须改造旧中国病态的国民性，而文学是"转移性情，改造社会"的有力武器。

当时在东京的中国留学生中，学法政、理化、警务、工业的人很多，而治文学和美术者却寥若晨星。在冷淡的空气中，鲁迅幸而寻得了几个同志，有许寿裳、周作人、袁文薮等。

鲁迅起初对钱塘人袁文薮的期望很大，因为他不但答应供稿，还答应资助经费。《新生》杂志的筹办工作刚开始进行得比较顺利，不仅定印了不少稿纸，而且连封面的图案及插图等都统统预备好了。鲁迅为第一期选定的插图是英国19世纪画家瓦茨的油画《希望》，画面上有一位蒙着眼睛的姑娘，抱着一张只剩下一根琴弦在震动的竖琴，屈腿坐在地球仪上。这幅画的主题是："希望不是期望，它有点类似从那仅有的琴弦上奏出的美妙的音乐。"鲁迅还为后几期选择了一些插图，他特别喜欢俄国反战画家瓦西里·韦列夏金所画的骷髅塔，以及英国军队把印度革命者绑在炮口上的几幅画。

然而，袁文薮不久即去英国。此后，他既不投稿，又不出钱，有如断线的风筝，杳无踪影。袁文薮一走，只剩下不名一文的三个人——鲁迅、周作人、许寿裳，筹办中的《新生》杂志遂告流产。

《新生》杂志的流产并不意味着鲁迅文学活动的中歇。一个志于在精神界发起革命的斗士，总能找到传达思想的舞台。鲁迅原想在《新生》杂志上阐述的观点，不久就在《河南》杂志上得到了发表的机会。

《河南》杂志是一家具有民族民主革命立场的刊物，1907年12月由河南留日学生在东京创办。杂志创办者张钟端后来成为河南辛亥革命总司令，1911年底牺牲于开封；出资人则是一位河南富孀刘青霞，她当时正和兄长在日本留学，于1906年加入同盟会，1922年病逝于河南安阳。孙中山的机要秘书、后来以写《革命逸史》闻名的冯自由曾称赞：《河南》杂志"鸿文伟论足与《民报》相伯仲"。

从1907年12月至1908年12月，鲁迅先后为《河南》杂志撰写和编译了《人之历史》《摩罗诗力说》《科学史教篇》《文化偏至论》《裴彖飞①诗论》等文章，介绍了西方生物进化学说、西方自然科学史和欧洲进步的社会科学，批判了洋务派、改良派和复古派，表现了他早期的唯物主义自然观、革命的历史进化观和逐渐形成的革命民主主义的政治观。这是弃医从文后的青年鲁迅第一次亮相中国文坛。

---

① 即匈牙利诗人裴多菲。

其中以"令飞"为笔名发表于《河南》月刊第二、第三号上的《摩罗诗力说》，是鲁迅撰写的第一篇文言论文，也是中国最早系统地介绍以拜伦为代表的欧洲积极浪漫主义诗人的文艺论文。

"摩罗"是梵文的音译，本意是"天上的魔鬼"，欧洲人称之为"撒旦"。《摩罗诗力说》意指"恶魔派诗人的反抗精神"。

由于英国消极浪漫派诗人罗伯特·骚塞 ① 在长诗《审判的幻景》的序中把被恩格斯誉为"满腔热情的、辛辣地讽刺现社会"的诗人拜伦诬为"恶魔派"诗人，后来人们便把那些积极反抗暴政、支持受压迫民族解放斗争的诗人统统归入这一诗派。

鲁迅十分崇敬这些刚健不挠、抱诚守真，不取媚于庸众、不随顺于旧俗的诗人。鲁迅在《摩罗诗力说》中介绍了拜伦的长诗《莱拉》。这首诗的主人公勇于抗拒无法逃脱的命运，虽被飞箭穿胸而不悔。鲁迅认为，要挽救当时垂危的国运，正需要这种傲岸不羁、力抗强者的性格。

鲁迅在《摩罗诗力说》中同时高度评价了"天才的预言家"雪莱。这位年轻的英国诗人虽然只活了 30 岁，但他短暂而传奇的一生本身就是一首无韵的诗篇。他生前曾被那些庸俗浅薄的人

---

① 罗伯特·骚塞（Robert Southey, 1774—1843），英国"湖畔派"诗人之一。1821 年，他以桂冠诗人身份创作颂诗《审判的幻景》，颂扬英王乔治三世，攻击拜伦、雪莱等进步诗人，称他们是"恶魔派"。

称为"狂人",但鲁迅却决心像他那样,上下求索、永不停歇、勇猛精进、决不退转。

鲁迅还着重介绍了波兰复仇诗人密茨凯维支的诗剧《先人祭》,并引用了剧本中一个名叫央珂夫斯基的囚徒的歌词:"要我当上帝的信徒,那就必须见到耶稣和玛利亚先惩罚那个蹂躏我们国土的沙皇才可以。如果沙皇还存在,就无法叫我呼唤耶稣的名字。"以此表达自己对反抗精神的激赏。

在"摩罗"诗人中,鲁迅最为崇敬的是匈牙利爱国诗人裴多菲,因为裴多菲不仅是诗人,还是英雄。在抗击俄奥侵略军的战场上,裴多菲宁死不屈。哥萨克士兵用长矛刺穿他的胸膛,他在牺牲前还高呼战斗口号:"祖国万岁!俄国佬滚出去!"

鲁迅希望通过介绍这些发出刚健、反抗和挑战呼声的"摩罗"诗人,来振奋中华民族的精神,使这个曾经显露过人类文化的灿烂曙光而到了近代却日趋衰落的古老中国,在世界上重新强盛起来。《摩罗诗力说》虽然存在着对文艺的社会作用估计过高的倾向,但它却系统地表述了鲁迅当时爱国主义和启蒙主义的政治观点和文艺思想,表现了鲁迅早期进化论思想和朴素辩证法观点的战斗精神。

继《摩罗诗力说》之说,鲁迅又在 1908 年出版的《河南》月刊第七号发表了另一篇重要的文言论文——《文化偏至论》。"偏至"就是"偏颇"。鲁迅认为,19 世纪的西方文明主要有两个偏颇：一个是片面崇尚物质，导致"唯物极端"，而忽视了精神和信仰；另一个是专制势力打着尊重"群众"的招牌，忽视和压抑独具个性的少数。于是，不少民众为物质欲望所蒙蔽，社会日渐凋零，进步因之停顿，诈骗虚伪的行为应运而生，致使人的精神光辉日趋暗淡。这种文化上的偏颇非常明显，就好比一个人断了一条胳膊和跛了一只脚那样。

为矫正这种偏颇，鲁迅针锋相对地提出了"掊物质而张灵明，任个人而排众数"的主张，即抨击物质至上主义，张扬人的崇高精神；尊重人的个性和尊严，反对借多数的名义压制少数明哲之士。这里的"个人"绝非害人利己的极端个人主义，而是人的正当权益和创新精神。鲁迅还深刻指出，在世界各国的激烈竞争中，首要任务就是培养人才；有了人才，什么事情都可以兴办；而培养人才的办法就是尊重个性和发扬精神，即"角逐列国是务，其首在立人，人立而后凡事举；若其道术，乃必尊个性而张精神"。

在不少民众精神状态偏于麻木和愚昧的清朝末年，鲁迅的主张对于摆脱封建主义的思想束缚，催促"精神界之战士"的产生，无疑产生了振聋发聩的效应。

如果说《河南》杂志是鲁迅弃医从文的第一次文坛亮相，是"新生"运动的"甲编"，那么翻译《域外小说集》就可以说是"新生"运动的"乙编"。

《域外小说集》第一册于 1909 年 2 月 10 日在东京出版，封面用蓝色罗纱纸精印，上端印着一幅长方形的德国图画：一个穿着希腊古装的妇女拨着琴弦，背后是光芒四射的朝阳，一只鸟儿正在振翅高飞。书名由著名书画家陈师曾用篆字题写，跟图案交相辉映，显得既古朴又新潮。同年 6 月 11 日，《域外小说集》第二册也在东京出版。这两册虽然一共只有 16 篇外国短篇小说，但包括了英、美、法、俄、波兰、波斯尼亚、芬兰等 7 个国家 10 位作家的作品，在外国文学译介领域起到拓荒作用。

《域外小说集》遴选作品颇为精心，译文以直译为主，所谓"词致朴讷"。鲁迅在该书序言中豪迈地宣称："异域文术新宗，自此始入华土。"翻译外国文学，期望用文学启蒙国人，是鲁迅弃医从文的初衷，是鲁迅用文学立人的怀抱、理想。

在《域外小说集》所收的作品中，鲁迅翻译的有《四日》《谩》《默》三篇。此外，显克微支的《灯台守》一文中的诗歌，也是鲁迅所译。其他均为周作人所译。

《四日》今译为《四天》，俄国作家迦尔洵作。小说通过俄土之战中志愿兵伊万诺夫三个昼夜一个白天的回忆，揭露了非正义战争的残酷和对人性的扭曲。伊万诺夫虽然号称志愿兵，但并不知道为什么而战。在保加利亚的战场上，他受了伤，后来被锯掉一条腿，但他也杀死了一个又高又壮的土耳其士兵。可正是这个土耳其士兵的大半壶水，在他垂危之际给了他生的机遇。就这样，他杀死的人反倒成了他的救命恩人。小说描写的战争场面极具震撼力，人物心理刻画细致入微，这种成就固然得益于迦尔洵的艺术功力，但也跟迦尔洵的亲身经历有关：他本人就是俄土之战的参与者，并也负过伤。

鲁迅敬佩迦尔洵的牺牲精神，特别推崇他的另一短篇小说《红花》（鲁迅译为《绛华》）："叙一半狂人物，以红花为世界上一切恶的象征，在医院中拼命撷取而死，论者或以为便在描写陷于发狂状态中的他自己。"在鲁迅小说《长明灯》中那位执意要把庙里的长明灯吹熄的疯子身上，可以明显看到《红花》中"狂人"的投影。

《谩》今译为《谎言》，是俄国作家安特莱夫的作品。主人公深爱一位女子——她有着天使般的脸颊，既黑又深的眼珠，嵌入蓝晶晶的眼眶里，给人神秘莫测之感。然而这位女子爱的是另一位高大的美男子，所以她一直在对主人公撒谎。在她的亲吻和拥抱中，主人公感到的一直是欺骗。谎言像条毒蛇咝咝作响，一直咬噬着主人公的心。为了得到真实，主人公把女子给杀了。他发疯地想撕开她的胸膛，想哪怕能有一次看到女子袒露的心。然而主人公这点微小的愿望也破灭了，因为他杀死了这位女子，却使谎言得到了永生。

鲁迅从众多外国小说中选取《谩》来翻译，绝不是偶然的。因为他终生憎恶谎言，憎恶虚伪，憎恶"做戏的虚无党"，但他切身感到在他生活的故国，周围却一直存在着毒蛇嘶叫般的谎言。这种谎言又并非完全出自说谎者的自愿，而与旧中国家族制度的压迫有关。他曾对日本学者橘朴说："中国的家族制度压迫着其中的生活者，使他们不得不靠说谎过活。外国人常常批判中国说谎，这当然没错。曾经如此完全是出于不得已。在这样荒谬的社会里生活的中国人，不论老人还是青年，无论想什么也无论怎样的运动，最终除了'说谎'什么也作不成的。"[①]

1936 年 2 月 23 日，鲁迅写了一篇杂文《我要骗人》，一方面揭露国民党政府和日本侵略者的欺骗——如当局的"赈济灾民"和日本的"中日亲善"，又剖析自己在有意无意间加入了骗人的行列。去世前几个月，鲁迅还常常对他的主治医师须藤五百三说，他"顶讨厌的是说谎的人和煤烟，顶喜欢的是正直的人和月夜"[②]。由此可见，鲁迅翻译《谩》，实则蕴含着他对"诚"与"爱"的呼唤。

值得注意的是，《谩》中的主人公就曾被人视为"狂人"，结尾的"援我！咄，援我来！"（"救救我吧！救命！"）跟《狂人日记》结尾的"救救孩子"有异曲同工之妙。通篇小说对谎言的揭露，跟"狂人"从满纸"仁义道德"的古籍中发现了"吃人"

---

① 橘朴：《与周氏兄弟的对话》，《新文学史料》2013 年第 4 期，第 124 页。
② 《医学者所见的鲁迅先生》，《鲁迅先生纪念集》第二辑，上海书店 1979 年 12 月复印，第 20 页。

二字也是精神相通。因此，将鲁迅翻译《谩》视为他创作《狂人日记》的先声，是言之成理的。

鲁迅翻译的另一部安特莱夫的作品《默》，今译为《沉默》。主人公伊格纳季（原译"伊革那支"）是一位神父。他待人冷酷无情，又心怀妒忌，贪得无厌。他不但不了解女儿薇拉（原译"威罗"）内心的苦痛，而且因为女儿的出走还诅咒过她。父女之间像隔着冰山，互相沉默不语。后来女儿卧轨自杀，神父的老婆从此也变得默不作声。神父来到女儿的卧室，走近女儿的空床前，想问出女儿的死因，回答他的仍然是沉默。

读完《默》的译文，读者自然会联想起鲁迅小说《故乡》中所描写的人与人之间的那层可悲的厚障壁。《默》的结尾是神父在女儿墓地徘徊的场景：笼罩墓地的是幽深的寂静，没有风，树叶死气沉沉，没有一丝声响。女儿的坟墓上长着枯黄、短小的草茎，这些草不知是从哪个四面受风的辽阔的田野上连着泥土被移植到这里……读到这些文字，读者就会自然联想起鲁迅小说《药》结尾部分的那个坟地。"微风早经停息了，枯草支支直立，有如钢丝。一丝发抖的声音，在空气中愈颤愈细，细到没有，周围便都是死一般静。"还会想到夏瑜的坟头草根还没有合全，露出一块一块的黄土，上面分明有一圈红白的花，不知是从什么地方移植来的。鲁迅在《〈中国新文学大系〉小说二集序》中承认，"《药》的收束，也分明的留着安特莱夫（L.Andreev）式的阴冷"。鲁迅 1935 年 11 月 16 日致萧军信中又说："安特列夫^①的小说，还要写得怕人，我那《药》的末一段，就有些他的影响，比王婆^②鬼气。"

如果从发行量而论，《域外小说集》的出版可以说是失败的。因为第一册共印了 1000 本，但在东京仅卖出了 21 本；第二册共印了 500 本，在东京只卖了 20 本。在上海寄售的情况跟东京差不多。

鲁迅他们先筹到印两册的资本，原打算收回本钱，再接着往下印，但由于《域外小说集》在市场遭冷遇，原来宏大的计划遂成泡影。

不过，这两册译本的影响，却不能单用发行量来评估。第一册出版不久，日本东京出版的《日本及日本人》杂志第 508 期就报道了周氏兄弟的翻译活动。此外，这两册译本关注东欧和弱小民族文学的取向，以及严谨的译风，都对五四新文化运动产生了不可低估的影响。胡适甚至认为，周氏兄弟的译文水平在林纾之上。

---

① 指安特莱夫。
② 萧红小说《生死场》中的人物。

学德文、俄文，听《说文解字》

鲁迅重返东京之后，先后在三个机构学习德文、俄文和《说文解字》。

1905 年春，鲁迅将学籍列于东京德国语协会所办的德语学校，以便继续享受公费留学生待遇。

明治时期，日本政府学习德国法律和陆军军制，以医学为代表的西方学术也常以德国为典范。德语（亦称"独逸"，日文，据英文发音转译）协会所办的德语学校是一所私立学校，1883 年 10 月 22 日开学，1901 年设立德语专修科。由于协会会员中有许多知名人士，如担任过贵族院议员的山胁玄、担任过首相的桂太郎，所以学校名气很大。校长大村仁太郎是歌德作品的爱好者和研究者，常在讲堂上吟诵歌德的诗歌。

鲁迅学习德文的目的，并不是研究德国文学，而是想以德文为"敲门砖"，敲开"弱小民族文学"的大门。所谓"弱小民族"，就是在殖民主义统治下挣扎和反抗的民族，具体指匈牙利、芬兰、波兰、保加利亚、捷克（德文亦称波西米亚）、塞尔维亚等。这些民族的文学作品缺少英文译本，但在德文版的"瑞克阑姆小文库"中有不少种，可以通过日本丸善书店去德国邮购。鲁迅列名于德语学校虽有七个学期，但几乎只是挂了一个名，住在校外，并不按时去听课，主要时间用于自学和译作。可以说，正是德语学校帮助鲁迅打开了一扇饱览世界文学风景的窗口，成为他从事文学活动的真正起点。

1907 年秋，由陶望潮（1886—1962）发起，鲁迅等六人还向旅居东京的一位犹太人马理亚孔特夫人学习俄文。马理亚孔特夫人用俄文讲授，一位在外国语专门学校半工半读的日本学生担任翻译。

陶望潮是清末著名革命家陶成章的族叔，当时在日本学军事，先后参加过旨在反清的南社和光复会。光复会会员崇敬俄国的无政府主义者，学习俄文跟他们从事的革命活动不无关联。因为在他们看来，俄国青年是革命的、暗杀的好手，尤其是那位苏菲亚姑娘 ①，既英勇又漂亮，是当时中国革命党人的偶像。

对鲁迅而言，俄文也帮助他打开了一片文学的新天地。从俄罗斯文学中，鲁迅"看见了被压迫者的善良的灵魂，的酸辛，的挣扎；还和四十年代的作品一同烧起希望，和六十年代的作品一同感到悲哀"。鲁迅还说道："我们岂不知道那时的大俄罗斯帝国也正在侵略中国，然而从文学里明白了一件大事，是世界上有两

---

① 苏菲亚姑娘，即苏菲亚·利沃夫娜·佩罗夫斯卡娅（Sophia Lvovna Perovskaya，1854—1881），俄国民粹派女革命家，因刺杀沙皇亚历山大二世而闻名，1881 年 4 月被执行死刑。她的事迹被较早介绍到中国。鲁迅在《南腔北调集·祝中俄文字之交》中说："那时较为革命的青年，谁不知道俄国青年是革命的，暗杀的好手？尤其忘不掉的是苏菲亚，虽然大半也因为她是一位漂亮的姑娘。"

种人：压迫者和被压迫者！"[1]

从1908年7月开始，鲁迅还持续了半年多在《民报》社听章太炎先生讲《说文解字》。当时，同盟会的机关刊物《民报》被日本政府查禁，作为《民报》主编的章太炎丢了工作，还被处以150日元罚金。章太炎一时赋闲，便在《民报》社寓所开了一个小班，逢星期日讲授《说文解字》。听讲者有鲁迅、周作人、龚未生、钱玄同、朱希祖、许寿裳、钱家治、朱蓬仙等八人。

《说文解字》是东汉许慎撰写的文字学著作，录载了汉字的形体、发音和原义。讲完《说文解字》，太炎先生还讲了《尔雅》《庄子》《楚辞》《广雅疏证》等。太炎先生坐在一面讲，学生围着三面听。

鲁迅博物馆至今保存了当年鲁迅听讲时的札记18则。

章太炎先生对鲁迅的影响至少体现在以下三个方面：一、革命精神；二、教学态度；三、渊博学识。

鲁迅认为章太炎是一位"有学问的革命家"，他在革命史上的业绩要超过他在学术史上的业绩。特别是在跟主张保皇的梁启超的论争中，在反对袁世凯复辟帝制的斗争中，章太炎"真是所向披靡，令人神旺"。鲁迅在论争中继承了太炎先生的战斗精

---

[1] 鲁迅：《南腔北调集·祝中俄文字之交》，《鲁迅全集》第4卷，人民文学出版社2005年版，第473页。

神。章太炎晚年觉得驳难攻讦，至于忿詈，有违古之儒风，所以手定《章氏丛书》时，将斗争之作抽出，自藏其锋芒，鲁迅深以为憾。在鲁迅看来，在章太炎的遗著中，最有价值的其实正是这些战斗的文章。鲁迅本人之所以"活在战斗者的心中"，也正是由于他那些锋芒毕露的战斗文章。

章太炎是一位蔑视权贵的学者。袁世凯阴谋称帝时，他以大勋章作为扇坠，临总统之门，大诟袁世凯的包藏祸心。但在门生弟子面前，他却态度谦和，像跟家人说家常话，毫不摆什么大学者的架子，而且诙谐间作，妙语解颐。鲁迅后来在致曹聚仁信中说："而太炎先生对于弟子，向来也绝无傲态，和蔼若朋友然。"[①]鲁迅曾在多所大专学校任教，跟学生也保持了良好关系。这种教学态度，正是对章门学风的一种传承和发扬。

章太炎是古文经学家，一代国学宗师。周作人在《鲁迅的青年时代》中谈及太炎先生学识对鲁迅的影响："鲁迅对于国学本来是有根柢的，他爱楚辞和温李的诗，六朝的文，现在加上文字学的知识，从根本上认识了汉文，使他眼界大开，其用处与发见了外国文学相似，至于促进爱重祖国文化的力量，那又是别一种

---

① 鲁迅：1933年6月18日致曹聚仁信，《鲁迅全集》第12卷，人民文学出版社2005年版，第405页。

作用了。"①

　　鲁迅自己感到后来不敢多去拜见太炎先生，因为太炎先生教他的是古文字学，而他自己主张的是白话文。其实，鲁迅的白话文之作好用古字，这也致使当今的青年读者有时候看不大明白。鲁迅和周作人翻译的《域外小说集》用的更是最好的古文，胡适认为其翻译水平超过了林琴南。这显然都是章太炎先生潜移默化影响的结果。鲁迅编著的讲义《汉文学史纲要》中专门论述了《说文解字》，也受到了章太炎先生观点的启迪。

　　鲁迅尊师重道，但更尊重"吾爱吾师，吾尤爱真理"的原则。在《民报》社听章太炎讲学时，鲁迅曾发表意见，认为文学创作跟学术理论的区别在于，理论重在启发人的思索，文学重在激发人的情感。太炎先生认为这种区分虽有新意，较胜于前人，但仍有不当之处，比如《昭明文选》中有东晋郭璞写的《江赋》，描写长江的发源流程，还有西晋木华的《海赋》描写大海的壮丽多姿，何尝能打动读者的情感呢？

　　鲁迅对章太炎先生的意见默然不服，之后对挚友许寿裳说道："章先生诠释文学，范围过于宽泛，把有句读的和无句读的悉数归入文学。其实文字与文学固当有分别的，《江赋》《海赋》

---

① 周作人：《鲁迅的青年时代·一二　再是东京》，鲁迅博物馆等编：《鲁迅回忆录》中册，北京出版社 1999 年版，第 815 页。

之类，辞虽奥博，而其文学价值就很难说。"①

章太炎主张"用宗教发起信心，增进国民的道德""用国粹激动种性，增进爱国的热肠"，鲁迅也认为这"仅止于高妙的幻想"。章太炎晚年"既离民众，渐入颓唐"，鲁迅表示遗憾。不过，鲁迅认为这是白圭之玷，仍然应该弘扬太炎先生"七被追捕，三入牢狱，而革命之志，终不屈挠"的精神。

作为弟子，鲁迅对章太炎执礼甚恭。1914 年 8 月章太炎因策动讨伐袁世凯而遭软禁，鲁迅不避风险，于当月 22 日跟许寿裳前往钱粮胡同拜谒。1915 年 9 月章太炎之女因悲愤自缢，鲁迅于当月 7 日赴章寓吊唁。章太炎晚年由"排满的骁将"退居为"宁静的学者"，鲁迅曾撰文给予公正评价。1936 年 6 月 14 日章太炎病逝，鲁迅于 10 月 9 日在病中撰写了《关于太炎先生二三事》一文表示悼念；第二天又续写《因太炎先生而想起的二三事》，可惜因病未能完稿，成了绝笔。

从 1902 年春到 1909 年夏，在留学扶桑的七年时光里，青年鲁迅完成了思想的转变。对改造国民性的关注，"立人"思想的萌生，弃医从文的人生转折，都发生于这个时期。或许，从弘文学院断发开始，鲁迅就已经走上了一条反叛传统、决裂旧时代的

---

① 许寿裳：《网友鲁迅印象记·七 从章先生学》，鲁迅博物馆等编：《鲁迅回忆录》上册，北京出版社 1999 年版，第 231 页。

人生之路。然而，这条路注定是曲折而多舛的。

"母亲的礼物"

1906年夏天，还在日本求学的鲁迅中途回了一趟绍兴，以迎娶大他两三岁的朱家姑娘——朱安。婚期是这一年的阴历六月初六。

这门婚事其实早在七年前就订下了。1899年，鲁迅还在南京求学，已经败落的周家由其母独自一人勉强支撑，她也的确需要一个好帮手。娶妻生子、兴旺家族的期望，无疑自然地落在了家中长男身上。

新人是本家叔祖母玉田夫人的内侄孙女，由玉田夫人的儿媳妇伯㧑夫人做的媒。伯㧑夫人漂亮能干，有王熙凤之风，和鲁迅母亲属于叔伯妯娌，平常就极为投缘。

伯㧑夫人介绍的这位朱安姑娘，出身于绍兴朱姓商人家庭。有学者根据朱家后人的回忆，认为她出生于清光绪四年，也即1878年，比鲁迅大三岁。周作人长子周丰一，以及和朱安一起在砖塔胡同生活过的俞芳回忆，朱安属兔，那就应该生于清光绪五年己卯年，即1879年，比鲁迅大两岁。或许，朱安出生于哪一年无关历史的宏大叙事，作为现代文学巨擘鲁迅的原配夫人，她的出生甚至她的生活，都显示出"默默的生"的孤寂。总之，这位朱安姑娘比鲁迅大两三岁，介绍给鲁迅时二十出头，按照当时的观念，已经是个"老姑娘"了。

从朱安留下来的照片看，她瘦长脸，眼睛有些微陷，脑门突出，个子矮小，裹了小脚，整体看上去瘦小。朱家并不鼓励女子上学，朱安没上过学堂。跟传统家庭一样，朱家教导朱安背诵《女儿经》之类的闺训："女儿经，仔细听，早早起，出闺门，烧茶汤，敬双亲，勤梳洗，爱干净……"，从小就灌输朱安"三从四德"的思想和礼仪。

对于鲁迅和朱安的婚姻，鲁迅的两个弟弟周作人和周建人都认为是母亲受了媒人的"欺骗"。

周作人在《知堂回想录》中说：新人极为矮小，颇有发育不全的样子，这些情形，姑媳不会不晓得，却是诚心欺骗，这是很对不起人的。本来父母包办子女的婚姻，容易上媒婆的当；这回并不是平常的媒婆，却上了本家极要好的妯娌的当。

持同一看法的还有鲁迅的三弟周建人。他在《鲁迅故家的败落》中，这样说道：母亲极爱我大哥，也了解我大哥，为什么不给他找一个好媳妇呢，为什么要使他终身不幸呢？……那只有一种解释，那就是，她相信谦婶的话，认为朱安一定胜过她所有的侄女、甥女。

周建人口中的谦婶，指的就是伯㧑夫人。

事实是否如此已经不可追究。不过，朱安这门亲事，到底是母亲鲁瑞所乐意的。

旧时婚姻多由"父母之命，媒妁之言"而定，男女双方都无法自由选择爱人。而父母、媒妁的标准，无非是门当户对，而无暇关心男女双方情感思想的投合。鲁迅的婚姻，也是全凭母亲鲁瑞做主了。

鲁迅的本家、仁义房支藕琴叔祖的儿子周冠五那时候和鲁迅常有通信。据他回忆，鲁迅赴日本留学后，曾经来信提出要朱家姑娘另嫁他人。母亲鲁瑞则叫周冠五代为回信，强调朱家姑娘是她托人求亲求来的，不便退婚，否则有损两家声誉，对朱姑娘也不好，退婚后她更没人娶了。鲁迅于是又对朱家提出，娶朱安姑娘要有两个条件：一要放足，二要进学堂。接受了新学教育的鲁迅希望能够缩短二人的精神差距，但朱家托周冠五回信说：脚已经放不大了；妇女读书不大好，而且年纪大了，进学堂更不愿意。

要求新人放足和上学堂的期望落空，鲁迅对自己的婚事表面上反而顺从了。据周冠五说，鲁迅回信很干脆，说几时结婚几时到。

如果说挑剔还代表着内心存着微弱的希望，那么被回绝后的鲁迅，实则是用顺从来掩盖内心更大的失望、无奈和牺牲意味。朱安和鲁迅思想上的鸿沟，为这门婚事埋下了不幸的种子。

　　鲁迅后来曾经对好友许寿裳说过这样一句沉痛的话："这是母亲给我的一件礼物，我只能好好地供养它，爱情是我所不知道的。"①

　　其实家里早就打算在鲁迅从矿路学堂毕业后安排他们结婚，但 1902 年鲁迅毕业后被官费派赴日本留学。这可是一件光耀门楣的大事。求学紧要，鲁迅和朱安的婚事因此延搁；再加上在日本留学期间，鲁迅祖父去世，朱安父亲去世，二人的婚期也就被一再拖延了下来。

　　时间到了 1906 年，这一年朱安虚岁 28 岁，已然是个"老大姑娘"了。朱家实在等不及了，一再派人来催促完婚。鲁瑞只得托人给鲁迅打电报，谎称自己病重，叫鲁迅速归。

　　鲁迅回到绍兴后，母亲解释了"骗"他回来的缘由。不知鲁迅是否早就有所预感，他并没有埋怨母亲，而是同意结婚。

　　这时候的鲁迅早已剪了发。头上没有辫子，如何戴得红缨大帽？据说鲁迅新婚当天戴了一条假辫子。1903 年春天，接受新学的鲁迅在弘文学院剪掉了象征"封建残余"的辫子；而三年后回到家乡，他却不得不戴着一顶罗制的简帽，帽子下拖着一条假辫。有意思的是，新娘朱安被缠过的小脚却穿上了一双大鞋，假

① 许寿裳：《亡友鲁迅印象记·一七　西三条胡同住屋》，鲁迅博物馆等选编：《鲁迅回忆录》，北京出版社 1999 年版，第 260 页。

装放足后的大脚。一个是新思想却要戴假辫服从旧形式；一个是旧道德却要装大脚顺应新追求。1906 年夏天，绍兴周家台门的这一场婚礼，以朱安"上不着天，下不着地"的大鞋掉下来，以及新婚第二天鲁迅搬出新房、开始睡在书房告一段落。两个"琴瑟异趣"的人，因为种种原因，就这样组成了一个看似完整、内在精神已经破碎的家庭。

婚后第四天，鲁迅就告别了母亲和朱安，"逃"似的离开了绍兴。这次他带上了二弟周作人一同回了日本，继续从事文学活动。

1909 年夏天鲁迅从日本回国，先在浙江两级师范学堂任教，后任绍兴中学堂教职；1912 年开始在教育部任职，同年 5 月随教育部迁到北京。他和朱安虽成了家，却始终是"两人各归各，不像夫妻"。朱安此时生活在绍兴，鲁迅工作在北京。

1914 年 11 月 26 日的鲁迅日记有一条关于朱安来信的记录：

> 二十六日 昙。……下午得妇来书，二十二日从丁家弄朱宅发，颇谬。……

鲁迅日记多记录往来信函、书账等，供备忘之用，并不以描述评判事件为主。除了个别大事件在日记里有少许记录，如兄弟失和等，通观鲁迅日记，对事情的评价并不多见。"得妇来书"

而让鲁迅感觉"颇谬",反映出鲁迅和朱安的精神鸿沟并没有随着时间的流逝而弥合,反而日渐拉大。

尽管鲁迅对朱安有诸多不满意,朱安也一度责怪鲁迅冷落她,然而两人依旧维持着婚姻的形式。旧时女性处于依附地位,离婚则相当于被休,受伤害的往往是女性。被休的女性,那时多受世人轻视和鄙夷。加之如果没有一技之长,女性离婚后在社会上往往很难立足。

从 1918 年开始,鲁迅开始参与《新青年》刊物的编辑工作。在来稿中,鲁迅看到一位青年的新诗《爱情》。这位青年在诗中写道:"可是这婚姻,是全凭别人主张,别人撮合;把他们一日戏言,当我们百年的盟约。"青年忍不住在诗中哀叹:"爱情!可怜我不知道你是什么!"

青年的叹惋深深地触动了鲁迅。自己的婚姻不就如此吗?这是醒过来的人的真声音啊!然而,不幸的婚姻是女性造成的吗?她们就有错吗?朱安作为旧式女子,在这场无爱的婚姻中,又何罪之有呢?她也是这旧时代婚姻的受害者啊!尽管不是专为朱安而发,但鲁迅在《热风·随感录四十》中表达了他对旧式婚姻中男女的同情:

但在女性一方面,本来也没有罪,现在是做了旧习惯的牺牲。我们既然自觉着人类的道德,良心上不肯犯他们少的老的的罪，又不能责备异性，也只好陪着做一世牺牲，完结了四千年的旧账。①

可见，这位发问"从来如此，就对么？"的最具怀疑精神和反叛精神的斗士，之所以在自身婚姻问题上如此矛盾，一方面是因为朱安是"母亲的礼物"，另一方面是同情没有独立人格和能力的朱安，同情和她一样的女性的命运。他一度希望以自己这一代的牺牲，终结这旧婚姻制度的罪恶：

做一世牺牲，是万分可怕的事；但血液究竟干净，声音究竟醒而且真。②

1919 年 11 月，鲁迅买下北京八道湾胡同 11 号院，与二弟周作人共同居住。是年 12 月，鲁迅回绍兴把母亲、朱安和弟弟周建人接来，开始了大家庭的生活。

1923 年 6 月，鲁迅和周作人兄弟失和后，携朱安于 8 月 2 日迁居砖塔胡同61 号；次年 5 月 25 日又移居西三条胡同，没多久，母亲鲁瑞也搬来和他们一起住。

1926 年 8 月，鲁迅离京赴厦门、广州等地，把"母亲的礼

---

① 鲁迅：《热风·随感录四十》，《鲁迅全集》第 1 卷，人民文学出版社 2005 年版，第 338 页。
② 鲁迅：《热风·随感录四十》，《鲁迅全集》第 1 卷，人民文学出版社 2005 年版，第 338 页。

物"留给了母亲。朱安一直和婆婆鲁瑞生活在西三条胡同寓所。

1927年10月，鲁迅辞去中山大学教职，和许广平定居上海，正式确立了爱情关系。1929年9月27日，鲁迅和许广平之子周海婴于上海出生。这些消息都一一通过他人之口，传到了朱安耳中。1936年10月19日，鲁迅在上海逝世。朱安作为鲁迅遗属胸戴白花，在北平西三条胡同寓所设灵堂，缅怀这位她口中的"大先生"。

1943年，鲁迅母亲鲁瑞去世；加之百物腾贵，朱安生活陷入困窘。1944年8月25日，《新中国报》刊登了《鲁迅先生在平家属拟将其藏书出售，且有携带目录，向人接洽》的消息。这使朱安一度陷入舆论的风口浪尖。鲁迅夫人许广平、友人内山完造等都写信劝阻朱安。上海文化界进步人士委托唐弢、刘哲民二人专程来北平进行调解、劝阻。朱安对陪同他们前来的宋紫佩说道："你们总说鲁迅遗物，要保存，要保存！我也是鲁迅遗物，你们也得保存保存我呀！"

此后，许广平对朱安予以了相对持续的接济。朱安尽管生活依旧贫困，但仅有少数几次接受了友人接济，对于外界援助，大多予以拒绝，保持着作为鲁迅遗属的尊严。

1947年6月29日，朱安在北平孤独地去世。

木瓜之役，倏忽匝岁，别亦良久，甚以为怀……

——鲁迅致好友许寿裳的信

第
四
章

"木瓜之役"

——鲁迅在杭州（1909.8—1910.7）

1909 年夏天，鲁迅离开日本归国。

本来，鲁迅准备到德国去继续深造，但因母亲在家庭败落之后需要赡养，还在日本立教大学求学而又已经结婚的二弟周作人也希望他能有所资助，鲁迅不得不结束留学生活，归国谋事，以承担日益沉重的家庭负累。

鲁迅曾写信对友人台静农发感慨："负担亲族生活，实为大苦，我一生亦大半困于此事，以至头白……"[①]

当鲁迅踏上归途时，正值辛亥革命前夜：一方面，同盟会发动的武装起义已经遍及南方大部分省区，革命的宣传活动也由滨海城市逐渐向腹心地区发展，反清革命派已经形成一支不容忽视的力量；另一方面，摇摇欲坠的清王朝为了苟延残喘，不但对革命派的活动进行血腥镇压，同时也强化了思想控制。

在辛亥革命的产儿呱呱坠地之前，旧中国就这样处在阵痛之中。

早在 1903 年春，入学日本弘文学院没多久，鲁迅就带头剪掉了辫子。然而，具有讽刺意味的是，1909 年当他踏上故土，却不得不花四块大洋在上海装了一条假辫子。

这种假辫子虽然做得巧妙，不留心观察难以看出破绽，但不戴帽子不行，而且在人堆里还要提防被挤掉或挤歪。

---

① 鲁迅：1932 年 6 月 5 日致台静农信，《鲁迅全集》第 12 卷，人民文学出版社 2005 年版，第 308 页。

简直太麻烦了！鲁迅在一个多月之后索性将假辫子去掉了，脱去帽子，露着短发在路上走。

这样一来，他就享受到一种新的"待遇"：最好的情形是被路人呆看，但大多数是遭受嘲笑、恶骂，小则说他偷了人家的女人——那时捉住奸夫总是首先剪去他辫子的；大则指为"里通外国"，即所谓汉奸。

对剪辫子的这种认识，正是当时中国民智未开的一种表现。

浙江两级师范学堂的生理教员

归国第一年的秋天，经友人许寿裳推荐，鲁迅担任了杭州浙江两级师范学堂初级化学和优级生理学教员，并兼任日本籍植物学教员铃木珪寿的翻译。

"救时应仗出群才"，鲁迅就这样走上了归国后的第一个工作岗位——为中国培养"群才"的教育工作。

浙江两级师范学堂坐落在杭州的下城，是在"废科举，兴学校"的高潮中以省城贡院旧址改建的，建筑格局和学制大部分仿照日本东京高等师范学校，规模宏大，校舍宽敞，于1908年落成。所谓"两级"，即"优级"和"初级"两部分。优级即高等师范，培养中学师资；初级即中等师范，培养小学师资。原任监督（校长）沈钧儒思想开明，教员中许多人是革命团体光复会的会员，或接受过民主思想洗礼的日本留学生。在这所民主氛围浓厚的学校里，鲁迅的教学活动也充满了民主和科学的精神。

鲁迅在浙江两级师范学堂讲授生理学，讲义名为《人生象敩①》，主要是根据日本当时的教材《解剖生理及卫生》编译。《人生象敩》约有 11 万字，共分为绪论、总论、本论、结论四大部分，综合了生理（功能）、解剖（形态）和保健（摄卫）诸方面的医学知识，简明扼要，针对性强，反映了当时医学科学的发展水平。对于存在争议的问题，讲义也能客观列举不同的意见，体现了鲁迅严谨的治学态度和对读者高度负责的精神。绪论介绍人体的构造和成分；本论介绍人体的运动系统（包括骨骼、肌肉与运动原理）、皮肤、消化系统、循环系统及淋巴、呼吸系统、泌尿系统、五官、神经、生殖系统；结论部分介绍体温、新陈代谢和卫生保健。

《人生象敩》的内容和观点至今也仍有适用性。如在治病与防病方面，强调预防于前，因为"药之为物，非能除病"，而仅能帮助人体器官的生理活动恢复正常，这就是所谓病愈。所以不注重保健而将生命寄托于药物，是一种南辕北辙的做法。讲义的这种观点，对于今天人们的健康生活仍有重要指导意义。特别难能可贵的是，早在 20 世纪初，这份讲义就提出了注重食品安全、

---

① 敩，xiào，教导。

治理环境污染和建立流行病（如：霍乱、痢病）的防控系统等前瞻性的观点。鲁迅主张对糕点、水果、鱼肉进行售前检测，防止水污染与空气污染，对急性传染病流行区域采取隔离措施，这些都是对人体健康有益而为人们所长期忽略的。

也有人认为，《人生象斅》中的生殖系统一节介绍过于拘谨，其突出表现是该节连"生殖"二字都不敢出现，而以德文"Generatio"表示。

这种看法其实脱离了鲁迅当年所处的社会环境。据鲁迅在浙江两级师范学堂的同事夏丏尊在《鲁迅翁杂忆》中回忆：有一次，鲁迅答应了学生的要求，加讲生殖系统。全校师生都为之惊讶，鲁迅却坦然去教了。他对学生提出的条件是，在他讲的时候不许笑。"在这些时候不许笑是个重要条件。因为讲的人的态度是严肃的，如果有人笑，严肃的空气就破坏了。"

那回教授的情形，果然很好。别班的学生因为没有听到，纷纷向鲁迅讨油印讲义看。鲁迅指着剩余的油印讲义对他们说："恐防你们看不懂的，要末，就拿去。"

原来鲁迅的讲义写得很简要，而且还用了许多古语。在缺少文字学素养而且未曾亲听过讲课的人看来，就好比一部天书了。

可见，鲁迅的这部讲义在当时不仅不保守，而且相当超前。其中还有青春期生理卫生的教学内容，这在当时是远远没有普及的。

《人生象斅》既然是文学家编译的科学论著，它与同类著作的区别就是语言具有鲜明的文学色彩。《人生象敩》中对人体器官的介绍极其形象逼真，如介绍大脑："此为脑之最大分，形略卵圆，其表多见隆起，谓之脑回旋。诸回旋间，多见陷处，谓之脑沟，深者曰主沟，浅者曰副沟。中央有深沟直走，界脑为二，左右相等，是名大脑纵裂。"文字旁还配有插图，加深了读者对大脑的印象。

鲁迅也教化学，并十分重视实验。

有一次，他要在教室里演示氢气的燃烧，因为忘了带火柴，便走出教室去取。出门前，他再三叮嘱学生，一定不要触动氢气瓶，以免混入空气，导致在燃烧时炸裂。

但当他取回火柴一点火，玻璃瓶却爆炸了，手上的鲜血溅满了雪白的西服硬袖和点名簿。鲁迅抬头一看，发现前两排座位空着：原来坐在这里的学生故意将空气放进氢气瓶之后，悄悄地躲到后排去了。

鲁迅后来谈到这事时说："他们也相信我，也不相信我。如果相信我的话，那就无须放进空气试看是否会爆炸了；如果不相信，认定不会炸，那就不用离开座位远避了。"[1]

调皮学生的恶作剧，虽是插曲，却让鲁迅如此印象深刻。

杭州的风景是美丽的，确如苏东坡的名句所描绘的那样："水光潋滟晴方好，山色空濛雨亦奇。"但是，沉潜于工作之中的鲁迅却无暇欣赏美景，只有在采集植物标本的时候，他才得以

---

[1] 薛绥之主编：《鲁迅生平史料汇编》第二辑，天津人民出版社1982年版，第406页。

徜徉于名山胜水之间。仅 1910 年 3 月，鲁迅就攀玉皇山，越栖霞岭，前后 12 次，采集了 73 种标本。有时仅为采一种标本，鲁迅就要付出几天跋涉之劳，目的是研究植物分类学。

*
1909 年夏，鲁迅从日本回国后，在杭州的留影。

这期间，鲁迅曾计划编一部《西湖植物志》，后因环境变迁，未能遂愿。

痛击顽固势力的"木瓜之役"

鲁迅在杭州执教期间最有意义的一段经历，是参加了痛击教育界封建顽固势力的"木瓜之役"。这是他归国后投入的第一次战斗。

"木瓜之役"的发生不是偶然的。

在此之前，有一位革命者在浙江巡抚增韫的抚署做幕友，后来活动暴露，突然潜逸。这位革命者的妻弟胡俊是浙江两级师范学堂的学生，因为替姐姐、姐夫传递过信件，一度受到株连。

特别是胡俊姐姐的一封亲笔信，更引起了增韫的疑窦。因为信中写道："你对我所说之事，待我宽松几天后，再听吩咐。"

色厉内荏的增韫以为这是革命党人联络的暗语，惶恐万分，立即派卫队闯进浙江两级师范学堂逮捕了胡俊。

经审讯得知，信中所说的"事情"，其实是那位革命者希望妻子放脚并来杭读书。

虽然胡俊一案纯属杯弓蛇影，但仍然让增韫等人心有余悸。

为了防止浙江两级师范学堂跟绍兴大通学堂、安庆巡警学堂一样，成为反清革命活动的重要基地，增韫趁学堂监督沈钧儒被选为浙江省咨议局副议长的机会，推出了一个绰号叫"木瓜"的富阳人夏震武继任沈钧儒的职务。所谓"木瓜"，就是形容夏震武木头木脑，顽固守旧。

夏震武愚顽而又自负，曾任清廷工部主事，治理学。八国联军占领北京时，他自荐为"专使"，要与俄国交涉议和条款，替"主上"分忧；由于太不自量，遭到清廷申斥。1901年2月3日（光绪二十六年十二月十五日），光绪帝在他的条陈上批谕，"直以国家重大之事视同儿戏……实属狂愚谬妄"，对其"从宽严行申斥"，令其"毋庸前往京师"，"亦不准再行渎陈"。

增韫以为让这样一个"木瓜"上阵，充当傀儡，就能加强对浙江教育界的控制。

夏震武还是一位"假道学"。母亲去世后他曾在杭州灵峰守墓三年，以博孝子之名。但在此期间，他却生了一个儿子。为赚钱，夏震武开了一爿米店，大斗进、小斗出，赚取昧心之钱。米店由他弟弟出面经营，替他承担骂名。

1909年12月21日，即夏震武上任的前一天，他写了一封信给前任监督，内附礼单，要求全体教师各按自己的品级穿戴礼服，用当时官场下属见上司的"庭参"礼节和他相见。还要求设立"至圣先师"孔子的牌位，由他率领全体师生"谒圣"。

12月22日早上8时左右，夏震武头戴清朝的红缨帽白石顶子，身穿天蓝色大袍，外罩天青色套子，脚蹬一双黑靴，真正"冠冕堂皇"地来到学校。更为威风的是，他身后还带了16名教育总会会员。

到校后，夏震武首先带领学生向孔子神位行了三跪九叩礼，而后声嘶力竭地进行了一番所谓"廉耻教育"的说教，说现在"国事垂危，立宪哄于廷，革命哗于野，邪说滔天，正学扫地，髡首易服，将有普天为夷之惧"，并攻击浙江两级师范学堂的教师"高谈平等自由，蔑伦乱纪，诳惑学生"。

接着，他又在会议室召见全体教师。教师诘问他带人入堂的理由，他回答说："两级师范学堂名誉甚坏，教育总会理应调查，并行整顿。"

本来就对"庭参""谒圣"这一套做法极为反感的教员们，面对夏震武的信口诬蔑，再也按捺不住怒火，愤然责问夏震武："'名誉甚坏'四字，跟学堂全体人员都有关系，而教员的责任更大，请你明示证据，以付公论。如能指出腐败确据，我们立刻自行出校。"

很多教员还纷纷地骂起来："你这个假道学！""你这个假孝子！""你这个老顽固，怎配当我们的校长？"

夏震武见教员们哄然而起，自知形势不妙，便在一群随从的簇拥下夺门而逃。

12月23日上午8时，夏震武派人往学校送了三封信：一封斥责教务长许寿裳"非圣""蔑礼""侵权"；一封责备全体教员贻误学生；一封劝令学生全部自修。

一贯主张"教员反抗则辞教员，学生反抗则黜学生"的夏震武，原以为依靠强硬手段就可以迫使师生屈服，不料却搬起石头砸了自己的脚。

12月26日，鲁迅、许寿裳、杨莘士、张宗祥等25位进步教师全体辞职。一些原来住校的单身教师卷好铺盖，整理好行李书籍，一齐住进了黄醋园湖州会馆。

夏震武进校后，只见教员部渺无一人，办事部门亦空空荡荡，呼唤不应，茶水不备。在进退维谷中，他只好宣布提前放假。

浙江两级师范学堂教员的斗争，得到了进步学生的大力支持。浙江省内教育界和京沪报刊也群起声援。

夏震武开始还虚张声势，扬言"兄弟不敢放松，兄弟坚持到底"！后来他的种种诡计都未得逞，只好被迫辞职，由孙智敏暂代监督。

在这场为期15天的斗争中，鲁迅一直站在前列，勇敢坚定，被拥护夏震武的一派称为"拼命三郎"。

教职员复职后，在大井巷的一家饭店聚餐，共庆胜利，戏称为"吃木瓜酒"。鲁迅畅饮之后，用筷子夹着一块肥肉，模仿夏震武的语调说："兄弟决不放松。"大家都被逗得大笑起来。

这场"木瓜之役"，也在笑声中胜利结束。

一年后，鲁迅在致友人许寿裳的信中特意提到："木瓜之役，倏忽匝岁，别亦良久，甚以为怀……"

纾自由之言议，尽个人之天权，促共和之进行，
尺政治之得失，发社会之蒙覆，振勇毅之精神。

——鲁迅《〈越铎〉出世辞》

第
五
章

促共和之进行

——重回绍兴（1910.7—1912.2）

1910 年 7 月，鲁迅辞去浙江两级师范学堂教职，回到了故乡绍兴。

在绍兴期间，恰逢辛亥革命爆发。鲁迅和学生们一道，参加了绍兴的革命活动，宣传了民主思想。

绍兴府中学堂的教员

1910 年 7 月，鲁迅回到了绍兴，任绍兴府中学堂博物教员；9 月，兼任该校监学。

绍兴府中学堂创办于 1897 年，3 月 3 日正式开学。鲁迅任职时校址迁到了仓桥试院旧址。该校原名"绍郡中西学堂"，取"中学为体，西学为用"之义。戊戌变法失败之后，校牌上被迫擦掉了"西"字。著名教育家、革命家蔡元培曾任该校总理，徐锡麟曾在该校任教并出任副办（副校长）。1908 年上半年，同盟会会员陈去病还在该校组织了南社的分社——越社，并以国文教员的身份为掩护，积极开展反清革命活动。

清政府为了控制这所学校，瓦解学校的革命力量，一方面多次派遣忠于清廷的顽固分子担任学校的"总理""监督"等要职；另一方面又利用地域观念在学生中制造宗派纠纷，甚至酿成大规模武斗。待鲁迅到该校任教时，学校有关教务的文件竟片纸不存，就连授课时间表也没有。鲁迅未曾想到，好端端的一个学堂竟被糟蹋成了这个样子。

不过，鲁迅到绍兴府中学堂任教后，立即受到了师生的欢迎。

绍兴府中学堂的不少教员是从日本留学归来的，他们了解鲁迅在日本的文学活动和社会活动；学生们也知道鲁迅与徐锡麟、陶成章等有过联系，对他尤为尊敬，甚至以他为榜样，掀起了剪辫风潮。越社则一致拥戴鲁迅为领袖，鲁迅成了该社的实际领导人。

鲁迅的影响力引起了封建顽固派的嫉恨。绍兴知府每次到学堂来，总喜欢注视鲁迅的短发，故意跟他多说几句话，借以侦查他的思想，妄图从中找到岔子，然而并没有得逞。

作为旧教育的叛逆者，鲁迅在绍兴府中学堂执教期间，十分注重深入实际，走向社会。

1910 年秋高气爽的一天，鲁迅率领两百多名师生取道嘉兴、苏州，远赴南京参观"南洋劝业会"。

"南洋劝业会"是近代中国第一次面向世界举行的大型博览会。其宗旨是振兴民族工商业，并借此进行社会教育。博览会基本上按省设馆，但以江南诸省居多；除展出各地特产外，还展出了各地侨胞引进的南洋各国的先进工艺品和机器。绍兴府中学堂的一些学生因株守乡里，孤陋寡闻，有的甚至以为铁路就是铁水浇铸的路面。不少人以前没见过电灯、汽车，所以除白天自由参观外，学生们特别喜欢观赏灯火通明的南京夜色。通过一周左右的参观，学生们眼界大开，学到了许多书本上没有的新知识。

假日期间，鲁迅常身背特制的白铁筒，手持铁铲去采集植物标本。1911 年 3 月 18 日，鲁迅在《辛亥游录》中留下了他采集植物标本的记录。

那一天，天气晴朗。鲁迅出稽山门六七里，来到了夏禹的祠庙，只见墙上爬满了苔藓，地下铺满了枯木，只有两三个老农坐在石阶上晒太阳。鲁迅从这里向右转，是会稽山下。再走一里多路，左转，到了一座小山。山不高，并立着许多松树和杉树，披着棘刺的衣衫。再往上攀缘，刺木渐少，仅见花草，都很一般，鲁迅仅采了两种。爬到山巅，乃见悬崖绝壁，往下看，山岩上披满了古苔，像覆盖了一层毛茸茸的裘皮，其中夹杂着一些小花，五六朵抱成一簇，有几十簇，面积有一丈地。鲁迅就近摘了几朵，都是一叶一花，叶碧而花紫，俗称"一叶兰"。这时下起了细雨，有一个樵夫前来问鲁迅在干什么。鲁迅觉得他不会理解什么叫采集标本，便哄骗他说："采药。"樵夫再问："做什么用？"鲁迅回答说："可以长生不老"。樵夫反驳："长生哪里是吃药就能求得的呢？"鲁迅笑答："这就是我之所以想采的原因呢。"他跟樵夫就这样边聊着，边循着山腰的横径慢慢往下走，忘却了疲劳。

在绍兴府中学堂任职期间，鲁迅不仅搜集植物，还整理辑录了很多关于绍兴的资料性图书，其主要成果为 1915 年 2 月在绍兴用木刻版印行的《会稽郡故书杂集》。此集共收古代逸书八种：前四种记载古代会稽的人物事迹，包括谢承《会稽先贤传》、虞预《会稽典录》、钟离岫《会稽后贤传记》、贺氏《会稽先贤像赞》；后四种记载古代会稽的山川地理、名胜传说，包括朱育《会稽土地记》、贺循《会稽记》、孔灵符《会稽记》、夏侯曾先《会稽地志》。

鲁迅摊开印有"绍兴府中学堂"字样的稿纸，耐心地从唐宋类书和其他古籍中钩稽校勘这些佚文。他打算从家乡的思想先贤中挖掘文化资源，供后人学习，所谓"用遗邦人，庶几供其景行，不忘于故"。

与此同时，鲁迅还手抄了六千多张卡片，辑录了自周至隋的散佚小说 36 种，辑成《古小说钩沉》一书。因印刷经费浩大，此书直到 1938 年《鲁迅全集》出版时才被收入。

1911 年 5 月，鲁迅还曾去日本"居半月而返"。这是鲁迅第四次赴日，也是他此生最后一次赴日，目的是催促周作人夫妇归国。

两年前的 1909 年 3 月 18 日，周作人与日本女子羽太信子在东京登记结了婚。信子的父亲是一个染房工匠，家境贫寒，作为长女的信子不得不从小就当上了"酌妇"，也就是女招待之类。1908 年 4 月 8 日，周氏兄弟从东京中越馆迁往位于本乡西片町十番地昌字七号的"伍舍"，其时信子正在这家客舍做下女（女佣）。

周作人如何与信子从相识到相恋，他一直讳莫如深，在自述中仅有"一九〇九年娶（信子）于东京"的简短记载。婚后，周作人的生活似乎颇甜蜜，乃至"远游不思归，久客恋异乡"了。

周作人在日本虽有 30 日元官费待遇，但结婚之后开支加大，还要不断贴补羽太家的开支，短缺的部分全靠鲁迅资助。鲁迅在绍兴府中学堂收入微薄，入不敷出，只得变卖田产。卖田所得耗罄，周作人仍以想学法文为由继续留在日本。鲁迅无奈，只得亲自去日本敦促周作人归国。

鲁迅此行，半月有余，不访一个朋友，也不游玩观光，甚至不购一书。他在东京的书店里，看着新上的图书，慨叹自己这两年闭居越中，久不接触新潮空气，甚至成了"村人"。

而鲁迅这一次东京之行的结果是，二弟周作人终于携日本妻子一道回到了绍兴。

*

1911 年 5 月，鲁迅赴日本催促周作人一家回国，摄于东京"中钵"照相馆。

越社主席和山会师范学校校长

黄鹤楼头金鼓震，春申浦上素旗飞。

1911年10月10日，武昌中和门响起了湖北新军起义的枪声。武昌起义的爆发，推动了全国革命形势的迅猛发展，一时间，真是"诸出响应，涛起风从"。11月4日，革命军攻克杭州；翌日，浙江省军政府宣告成立。

为了庆祝杭州光复，越社在绍兴开元寺召开群众大会，公举鲁迅为主席。鲁迅在演说中阐明了革命的意义及武装人民的重要性，并提议组织武装讲演团，分赴各地演说。

然而，不久就传来了败残清兵要来骚扰绍兴的谣言。一时间人心浮动，不少人纷纷仓皇出逃。

为了稳定人心，鲁迅手持长刀，带领绍兴府中学堂的学生上街进行武装宣传。有学生问："万一有人阻拦怎么办？"鲁迅正言厉色地反问道："你手上的指挥刀是做什么用的？"[1] 那时学校用的指挥刀都没有"出口"，用处虽不在杀人，但当作鞭子用来打人则绰绰有余。

---

[1] 孙伏园：《鲁迅先生二三事·惜别》，鲁迅博物馆选编：《鲁迅回忆录》上册，北京出版社1999年版，第95页。

在鲁迅的鼓励下，队伍雄赳赳气昂昂地经过了水澄桥、大善寺等绍兴主要街道。学生们高呼"革命胜利万岁！""中国万岁！"的口号，张贴"溥仪逃，奕劻被逮"的传单。革命的舆论使人心重新安定下来，一度关闭的店铺也重新营业了。

当反对革命的政治谣言被戳穿之后，绍兴城又出现了一个挂羊头卖狗肉的"军政分府"，府长就是原绍兴府的知府程赞清。什么铁路股东是行政司长，钱店掌柜是军械司长，"矢忠清廷、权残党人"的土豪劣绅章介眉竟也占据了治安科长的要职。这样的"军政分府"当然受到了绍兴人民的坚决抵制。越社特派代表到杭州，要求革命军迅速进驻绍兴。

11月10日晚，原光复会成员王金发率革命军趁着皎洁的月色乘白篷船抵绍。鲁迅率府中师生和绍兴各界人士到城东五云门外米行街一带夹道欢迎。王金发的部队上岸后，立即向城内进发。

只见兵士都穿着蓝色的军服，戴蓝色的布帽，打裹腿，穿草鞋；骑马的军官穿着也很朴素，有的还光着头皮。

然而，没有多久，在"许多闲汉和新进的革命党"的包围下，王金发的队伍革命色彩日见淡薄。王金发本人忘乎所以地"大做王都督"。在衙门里的人物，原本穿布衣来的，不上十天也大多换上皮袍了，虽然天气还并不冷。

王金发组成新的军政府后，给了鲁迅两百元经费，任命他为山会初级师范学堂的监督（校长）。"山"指山阴，"会"指会稽。这所学校创办于 1909 年，校址在绍兴南街（今延安路）西段。

学生热烈欢迎这位身穿灰棉袍、头戴陆军帽的新校长鲁迅。越社的进步青年也到山会师范来找鲁迅，要求借用他的名义办一种报纸，监督这个新政府，并针对时弊敲敲警钟——这就是 1912 年 1 月 3 日在绍兴正式发行的《越铎日报》。鲁迅以"黄棘"为笔名撰写了《〈越铎〉出世辞》，声明创办此报是为了发表自由言论，行使天赋人权，敦促共和，衡量监督政治得失，启蒙社会，振奋精神，即所谓"纾自由之言议，尽个人之天权，促共和之进行，尺政治之得失，发社会之蒙覆，振勇毅之精神"①。

由于《越铎日报》开头便骂军政府，此后是骂都督，骂都督的亲戚、同乡、姨太太，因此触怒了日渐蜕变的王金发。社会上甚至传言说王金发要派人用手枪打死《越铎日报》的同人。这使鲁迅的母亲很是着急了一段时间。当然，后来也没有谁杀上门来。

---

① 鲁迅：《集外集拾遗补编·〈越铎〉出世辞》，《鲁迅全集》第 8 卷，人民文学出版社 2005 年版，第 42 页。

　　只是，此后山会师范的经费来源就断绝了。在这种情况下，鲁迅当然无法再在山会师范工作下去，只好到都督府辞职。此时的山会初级师范学堂的经费，只剩下一角钱零两个铜板了。

　　辛亥革命之后绍兴"官威如故，民瘼未苏"的现实，无情地嘲讽着鲁迅的理想，更使他陷入了深沉的忧虑和严肃的思索中。

　　1911 年冬天，鲁迅写成了他的第一篇小说《怀旧》。作品通过一个私塾儿童的观察和感受，反映了刚刚发生不久的辛亥革命在乡间各阶层中引起的不同反响，描绘出一幅革命浪潮中的人情世态图。小说里"不辨粳糯，不分鲂鲤"的金耀宗，是一个深谙权术的土豪。当革命军即将到来之际，他准备装作顺民，趁机攀摘革命的花果；一旦革命高潮过去，便仍旧作威作福。帮闲文人秃先生，比他的主子更懂得处世应变的韬略。他告诫金耀宗，在政治形势尚未明朗时，要跟革命保持一定的距离，最好先行躲避，静观形势，再伺机反扑。而另一方面，小说中的民众则对革命全然无知。在他们心目中，辛亥革命和"长毛"造反乃至和强盗作乱是一回事。略有风吹草动，他们便纷纷乱逃一气：何墟的居民直奔芜市，而芜市的居民却争走何墟。路上人群穿梭，多于蚁阵，都不知道究竟是为什么而来了。

《怀旧》中的这些描写，形象地反映了辛亥革命的不彻底性。当这篇小说以"周逴"的笔名投寄到《小说月报》之后，主编恽铁樵大为赏识。他在显著位置刊登了这位"无名之辈"的佳作，在文中佳妙处密加圈点，并且专门写了评语，热情向社会推荐。恽铁樵还特意给鲁迅寄了几本小说，算是奖品。

这篇写于五四运动前八年的小说，虽然运用的仍然是传统文言，但其思想内容和情节结构却清楚地表明，这是现代文学的先声，而绝不属于旧时代的文学。二十多年之后，鲁迅和茅盾共同为国外读者编选现代中国短篇小说集《草鞋脚》，曾打算将《怀旧》收入，以此反映中国现代小说酝酿期的创作风貌。

绍兴还是那个老样子，辛亥革命依旧没有让这里发生大的变化。政权被觊觎，革命果实被窃取。

1912年2月19日至24日，鲁迅在《越铎日报》上刊登了《周豫才告白》，宣告辞去校长一职：

> 仆已辞去山会师范学校①校长。校内诸事业于本月十三日由学务科派科员朱君幼溪至校交待清楚。凡关于该校

---

① 山会初级师范学堂，1912年改称绍兴师范学校。

事务，以后均希向民事署学务科接洽，仆不更负责任。此白。

2月中旬，鲁迅怀着失望的心情告别故乡。显然，要荡涤这里的魑魅魍魉，还需要进行彻底的斗争！

运交华盖欲何求，未敢翻身已碰头。
破帽遮颜过闹市，漏船载酒泛中流。
横眉冷对千夫指，俯首甘为孺子牛。
躲进小楼成一统，管他冬夏与春秋。

——鲁迅《自嘲》

第
六
章

新文学的旗手

——鲁迅在北京（1912.5—1922.2）

辞去绍兴师范学校校长的鲁迅，1912 年初，应中华民国南京临时政府教育总长蔡元培之邀，赴南京任教育部部员。

1912 年 4 月，南京临时革命政府北迁。鲁迅先请假回绍兴省亲，而后从上海取海路北上，到北京政府教育部继续任职。从 1912 年 2 月至 1926 年 8 月，鲁迅在民国初年的教育部整整待了 14 年。

这 14 年中，鲁迅一度寂寞地在补树书屋抄古碑，但革命的锐气和热情一旦再度被点燃，鲁迅就扛起了新文化的大旗，拿起了如椽的文学之笔，为前驱者呐喊。

教育部的佥事

因教育部初创时人手不够，蔡元培请他的同乡友人许寿裳前来共襄盛举。其时恰巧鲁迅请许寿裳代为谋职，许寿裳便向蔡元培郑重推荐了鲁迅。

蔡元培表示久慕鲁迅其名，便托许寿裳代函敦请鲁迅入职。

鲁迅觉得辛亥革命之后的中国将很有希望，他此时也在寻找机会离开绍兴，便欣然接受了许寿裳和蔡元培的邀请。鲁迅先到南京，而后随教育部迁往北京，担任社会教育司第一科科长兼教育部佥事。

社会教育司第一科的管辖范围包括博物馆、图书馆、美术馆、动植物园以及文艺演出等事项，是当时文化艺术领域的最高管理机构。"佥事"是当时的一种职位，需要由教育总长推荐并经总统批准，是一种荐任的文官，教育部共有三万名，相当于如今的处级。

鲁迅对蔡元培在人事安排方面的某些做法虽然持有异议，但对这位新教育总长的教育主张，如注重美育，却深表赞同，积极辅佐实行。

"美育"这个词是民国元年蔡元培从德文 Asthetische Erziehung 翻译过来的，为中文前所未有，但如今已跟智育、德育、体育等一样，引起了普遍重视。

蔡元培推行的美育包括了以下七个方面的内容：一、造型美术；二、音乐；三、文学；四、演剧；五、影戏；六、留声机与无线电播音机；七、公园。

为了实施蔡元培的上述主张，鲁迅积极参与了教育部美术调查处的领导工作，并参与国歌审定和国徽设计，拟定审核小说的标准。

当时教育部废去袁世凯称帝时的国歌，恢复《卿云歌》为国歌，歌词强调"天下非一人之天下也"。鲁迅陪同蔡元培审听，但他谦虚地说："我完全不懂音乐。"国徽由鲁迅、许寿裳、钱稻孙共同完成，并应用于当时的国书、证书、钱币上。

鲁迅担任通俗教育研究会小说股主任及小说股审核干事期间，制定了《审核小说之标准》，提倡"上等小说"，包容"中等小说"，限制或查禁"下等小说"。所谓"下等小说"，指那些"立意偏激""语涉猥亵""意涉荒谬""迷信太过"或"有害道德及风化"的作品。1915 年 12 月 12 日，袁世凯称帝，教育部想通过编译宣传忠孝节义的道德小说来巩固帝制，鲁迅予以抵制。结果，1916 年 2 月 14 日，鲁迅被免去股主任之职。

为了贯彻蔡元培提倡美育的主张，鲁迅还在教育部主办的"夏期美术讲习会"上做系列讲演，总题为《美术略论》。讲演在教育部大礼堂进行，听众多时约 30 人，少时竟无一人，但鲁迅不考虑听众多少，坚持认真讲授。

遗憾的是，鲁迅的《美术略论》讲稿今已佚失，但从 1913 年 2 月鲁迅在《教育部编纂处月刊》第 1 卷第 1 册发表的《儗播布美术意见书》中，可以了解鲁迅讲演的一些内容。《意见书》中所说的"美术"范畴较宽，相当于文艺的统称。鲁迅认为人有两种天性：一是感受，二是创作。比如在海边看日出，在公园里看奇花异草，情绪都会受到感染。人群中那些艺术感受力强的人，就会因此产生创作的冲动。文艺有三要素：一是客观世界（即"天物"），二是构思（即"思理"），三是典型化（即"美化"）。所以，单纯形似的作品，或陆离斑驳、追求刺激的作品，都不能等同于真正的文艺。

此外，鲁迅还介绍了柏拉图、黑格尔等西方学者的文艺观，并指出文艺的目的和功能：一是可以成为文化的表征，二是可以作为教育的辅翼，三是可以作为经济发展的动力。鲁迅建议，推动中国文艺发展应该从建设、保存和研究这三个方面着手：在建设方面，如兴建美术馆、剧场、音乐堂，举办美展，开展文艺评奖，译介外国文艺经典；在保存方面，除保护文物古建之外，还要保护自然生态，修建动物园、植物园；在研究方面，可以组建中国古乐研究会和国民文术研究会，广泛收集各地歌谣、俚谚、传说、童话。

袁世凯继任中华民国大总统之后，各派军阀在帝国主义和国内买办豪绅阶级的支持下，穷兵黩武，相互间进行着连绵不断的战争。他们办教育的目的，一方面是钳制人民的思想，为其复辟活动制造舆论；另一方面则是粉饰太平，制造虚假的升平景象。

北洋军阀政治上的反动性和腐朽性，决定了其御用教育的腐朽性。鲁迅任职期间，北京政府就更换过 38 次教育总长、24 次教育次长，有的总长任期只有 9 天。人事频繁更迭，也是各派军阀之间倾轧排挤、矛盾重重的具体表现。

在蔡元培辞去教育总长职务之后，教育部大多数部员群居终日，言不及义。办公时间既短，又常上半天班，但仍有部员旷工。讽刺的是，经常不上班、杳如黄鹤者往往受重用，而真正办事的人反而受到打击、排挤。

鲁迅在 1918 年 5 月 29 日致许寿裳的信中说："部中近事多而且怪，怪而且奇，然而又毫无足述，述亦难尽，即述尽之乃又无谓之至，如人为虮子所咬，虽是一件事，亦极不舒服，却又无可叙述明之……"[1]

鲁迅极端厌恶那些在教育部的破脚躺椅上摆出一副螃蟹姿态而又不学无术的"名公巨卿"，极端鄙视那些上班之后专门喝清茶、抽水烟、唱京戏、诵佛经，甚至无聊到用拂尘不断掸土借以消磨时光的尸位素餐的同僚。他尽力做一些有益的工作，像一株亭亭净植、高标挺秀的莲蓬，屹立在污浊不堪的泥塘之中。

鲁迅在教育部的主要贡献之一是筹建历史博物馆。

该馆创始于 1912 年，筹备处原设于国子监的彝伦堂内；1918 年迁移新址，以天安门内的午门城楼为陈列室。

1912 年 6 月 25 日，鲁迅视察国子监及学宫时，亲见"古铜器十事及石鼓，文多剥落，其一曾剜以为臼"。更为严重的是，原清政府存放于内阁大库中的一批古籍和文物（所谓"大内档案"），就被装进 8000 只麻袋，塞进国子监的敬一亭中，长期无人过问，任其腐烂发霉，被虫蛀，甚至被偷，到后来又被当作废纸，卖给纸店做再生纸的原料。

---

[1] 鲁迅：1918年5月29日致许寿裳信，《鲁迅全集》第11卷，人民文学出版社2005年版，第365页。

鲁迅对当局侵吞和糟蹋文物的行径深感愤慨。在筹建历史博物馆期间，鲁迅多次将自己辛勤搜集的文物捐赠给该馆，对该馆的藏品更是倍加珍视。

1913 年 11 月 20 日，历史博物馆将 13 种藏品送至教育部，准备交德国人米伯和带至莱比锡参加翌年举行的国际雕刻博览会。为了保证这批文物的安全，鲁迅特意回家取来两条毛毡，宿于部中，不眠至晓。

鲁迅在教育部供职期间，为改组、发展当时的国家图书馆——京师图书馆也付出了很大的精力。

京师图书馆创建于 1909 年（宣统元年）7 月，1912 年 8 月 27 日正式开馆。开馆之初，虽有一些宋元刻本和唐人写经，但善本书和阅览书的总数仅有 5425 部。鲁迅为了充实馆藏，于 1912 年秋以教育部的名义调各省官办书局所刻书籍入藏该馆。1913 年，又以教育部名义将一部铜活字印的中国大型图书——《古今图书集成》调拨给京师图书馆。1916 年 4 月，鲁迅还通过政事堂取得内务部的同意，明文规定凡经内务部立案的出版物均应分送京师图书馆一份庋藏。同年，他还以教育部名义为京师图书馆征取各省区最新修刊的志书和征求各种著名的碑碣石刻拓本。

在《鲁迅日记》中，还有他多次将中外书刊捐赠京师图书馆的记载。特别需要提及的是，《永乐大典》（残本）与文津阁《四库全书》这两部举世闻名的重要典籍，也是经过鲁迅的据理力争才移藏京师图书馆，免遭散失的厄运的。

鲁迅四处奔走，为京师图书馆及其分馆择定馆址。为了拟定京师图书馆的年度预算和改组方案，他甚至累得"头脑岑岑然"。鲁迅苦心孤诣地保护重要典籍与历史文献资料，奠定了今天北京图书馆丰富馆藏的基础。此外，鲁迅还协同参建了服务普通民众的"京师通俗图书馆"。

鲁迅在教育部供职期间参加的学术活动，主要是在读音统一会提议采用注音字母。读音统一会的职责是审定国音，标定音素，采定字母。会员须具备下列四个条件中的一条：一、精通音韵；二、深通文字学；三、通一种或两种以上外国文字；四、熟悉多处方言。这些条件，鲁迅几乎全部具备，因此被教育部延聘为该会会员。

1913 年 2 月，读音统一会在教育部礼堂召开会议。莅会者除教育部延聘的会员，还有各少数民族代表及华侨代表共 44 人。会议经过一个多月工作，审定了 6500 余字的国音；但在核定音素、采定字母时，却产生了激烈的争议。由于在学术辩论背后又隐藏着政治纷争，所以会场变成了角斗场。会员们互相破口大骂，乃至抡起板凳动武。

会议主席吴稚晖与副主席王照也参加了这场混战。王照为了入声存废问题，和吴稚晖大战，"战得吴先生肚子一凹，棉裤也落了下来"。

当各种意见争持不下时，鲁迅等五人根据章太炎在 1908 年拟定的一套标音符号加以斟酌损益，拟定了 39 个注音字母。这些字母采用的是笔画最简而音读与声母韵母最相近的古字，适于借用来做注音符号，因此表决时以多数票通过。由鲁迅等人提议并于 1918 年底由教育部正式颁布的这套注音字母，在新中国成立后新的拼音文字公布之前，对帮助人们记音识字产生过重要的辅助作用。

业余时间，鲁迅还利用京师图书馆、京师通俗图书馆和教育部图书馆的资料抄录、校辑了《谢承后汉书》《嵇康集》《云谷杂记》《唐宋传奇集》等十余种古籍，在琉璃厂一带的书店搜集了五千多种汉魏六朝和唐代的碑铭、墓志、石刻画像的拓本，还在小市等旧物市场购置了不少辅助其考证工作的古物（如古砖、瓦当、土偶、铜镜、钱币、弩机等），比较系统地阅读了佛学经典……

鲁迅通过这些工作，研究了中国的思想史、文学史、美术史、字体变迁史，通过解剖中国的历史和民族文化遗产来研究中国数千年封建社会的本质，发掘民族的精神特质，进一步探寻中国社会的出路。在这种默默的工作背后，跃动着鲁迅的一颗炽热的心。

鲁迅研究佛学，是因为他认为释迦牟尼是一位伟大的哲人，曾"历大苦恼，尝大欢喜，发大慈悲"，其在中国民间的影响实际上超过了孔子。

鲁迅在教育部供职期间，尊孔复古的乌云笼罩着中国的天空。尤其是在袁世凯统治时期，不但恢复了尊孔祭典，而且还新做了古怪的祭服，希望用儒家学说做"敲门砖"替袁世凯敲开"龙庭宝座"的大门。对于教育部尊孔复古的举措，鲁迅多次进行抵制和揭露。1912 年 9 月 28 日，教育部在孔庙演出了一出"祭孔"大典。参加祭典的仅三四十人，或跪或立，或旁立而笑，还有人在旁边破口大骂，致使典礼仓促而草率地结束，殊为荒诞可笑。

1914 年，鲁迅跟其他五位同事一起签名写信给当时的教育总长，反对"读经祭孔"，并将信另抄一份摊在办公桌上，部里的职员都竞相来阅。这封信有如一枚炸弹，冲破了教育部令人窒息的空气。

1916 年秋，教育部对袁世凯任总统时制定的《教育纲要》进行讨论。鉴于这一纲要以"尊孔尚孟"为宗旨，鲁迅在征询意见的"说帖"上签注意见，旗帜鲜明地主张对这一纲要"根本取消""明文废止"。对于各地呈请表彰节烈和实行尊孔措施的公文，鲁迅只要看到，也无不主张驳回。

有一次，山西大学堂"崇圣会社"向教育部递交了一份尊孔崇圣的呈文，要求在山西大开文庙，提倡崇圣，昌明孔教。鲁迅指出，"崇圣会社"这个名称就可笑，更不要谈内容了，但是对于这种现象不能仅止于嘲笑，而应该认真剖析产生的社会根源。后来，由于鲁迅等人的抵制，社会教育司以"民国祀典尚未制定"为理由，巧妙地驳回了这份经袁世凯批转的呈文。

在北洋军阀统治时期，经费支绌是国家机构中普遍存在的现象。而在政府各部中，教育部又被称为"第一穷部"，不仅领薪金要领签、排班、等候、受气，而且经常被拖欠，需向国务院呼号，向财政部坐讨，才能索回一小部分欠款，真所谓"盼薪不至泪斑斑，薪在虚无缥缈间"。

鲁迅初到教育部时月俸 250 元，1916 年月俸涨至 300 元，1925 年又涨至 330 元，但货币贬值，且教育部经常欠薪。据鲁迅 1926 年统计，教育部欠他薪金已达两年半以上，共计 9240 多元。因此鲁迅幽默地把自己称为"精神上的财主""物资上的穷人"。当时，教育部部员曾组织索薪团，冒着被反动军警打得头破血流的危险，包围财政部，要求补发欠资。鲁迅也曾参加过这种索薪斗争，并创作过以索薪为题材的作品。

在教育部供职，是鲁迅前期主要的社会职业。鲁迅利用教育部的职务，一方面为中国的文化教育事业做出了力所能及的贡献，另一方面又从政府机构内部洞察到北洋军阀的黑暗内幕，这对他的创作活动和思想发展都产生了一定的影响。

《新青年》同人

1919年5月4日，北京三千多名爱国学生在天安门广场发出了振聋发聩的吼声："中国的土地可以征服而不可以断送！中国人民可以杀戮而不可以低头！国亡了！同胞们起来！"

学生们手执的白旗上写着"还我青岛""保我主权""取消二十一条"等标语口号，抗议巴黎和会决定将第一次世界大战中战败国德国在山东的权益转让给日本。

5月4日当天上午，鲁迅去了教育部同事徐吉轩家，为其父吊丧，并不知道天安门的情况。下午，原山会初级师范学堂的学生孙伏园到来，他刚参加完上午的游行。鲁迅向他详细询问天安门大会场的情形，以及大街上游行的情况，对爱国青年的一举一动都表示关切。他担心青年上当，也担心青年吃亏，担心他们不懂得反动势力的狡猾与凶残，因而敌不过反动势力。[①]

五四运动这一年，鲁迅38岁，在今天可以称之为"大龄青年"。陈独秀40岁，介乎青年与中年之间。其他一些风云人物都小于鲁迅，如：周作人34岁，钱玄同32岁，李大钊31岁，胡适28岁，刘半农也是28岁。他们同属于新文化运动营垒。

五四运动虽然发生在1919年，但为五四运动打下思想基础

---

① 孙伏园：《五四运动中的鲁迅先生》，《中国青年》1953年第9期。

的新文化运动，起点却可以前溯到 1915 年《青年杂志》和《科学》杂志的创刊，直到 1923 年科学与玄学的论争平息才结束。这场新文化运动包括了文学革命和思想革命两方面：文学革命在形式上主张以白话文为正宗，内容上以反帝反封建为时代特征；思想革命则是强调以民主和科学的精神来培养一种新的人生观和世界观，铸就一种自决、自主、独立的人格。

鲁迅成为新文化运动的主将，主要是通过《新青年》。

《新青年》是一份杂志，并不是一个组织严密的社团。《新青年》的前身是 1915 年 9 月 15 日创刊的《青年杂志》。这是一个综合性的文化批评刊物，之所以以"青年"为刊名，是因为主编陈独秀认为，"青年如初春，如朝日，如百卉之萌动，如利刃之新发于硎，人生最可宝贵之时期也。青年之于社会，犹新鲜活泼细胞之在人身"[1]。《青年杂志》的主编是刚从日本留学归国的陈独秀，协编者有易白沙，又得到了高一涵等人的支持，由于高举民主和科学两面大旗，拥护"德先生"（Democracy）和"赛先生"（Science），受到了进步青年的欢迎，产生了巨大的社会反响。

从 1916 年 9 月 1 日出版的第 2 卷第 1 号起，《青年杂志》更名为《新青年》。陈独秀在《新青年》一文中解释说，"新青年"与"旧青年"在生理上和心理上都存在"固有绝对之鸿沟"："旧青

---

[1]　陈独秀：《敬告青年》，《青年杂志》1915 年第 1 卷第 1 号。

年"在生理上"美其貌"而"弱其质"，是手无缚鸡之力的书生，在心理上"以做官发财为人生唯一之目的"；而"新青年"，在生理上壮健活泼，在心理上有"真实新鲜之信仰"，"内图个性之发展，外图贡献于其群"，以身体强健、职业正当为幸福。

《新青年》因编辑人员的变动，大体可分为三个时期：一是从1915年9月至1917年夏，陈独秀主编；二是从1917年夏至1919年11月，陈独秀与其他五四新文化同人合编共办；三是从1919年12月1日出版的第7卷第1号起，又由陈独秀一人编辑。1920年9月以后，陈望道分担了《新青年》的编务工作，陈独秀全力投入中国共产党的筹建中，成了刊物的精神指导者。1920年9月后，《新青年》由文化刊物变成了上海共产主义小组的机关刊物，公开宣传马克思主义。

鲁迅与《新青年》的关系主要发生在这份杂志的第二时期。

1917年1月，陈独秀从上海到北京，任北京大学文科学长，《新青年》也随之迁到北京，由陈独秀一人主编改为同人刊物。编辑部就设在陈独秀所住的东池子箭杆胡同9号，轮值编辑和重要撰稿人有陈独秀、李大钊、胡适、鲁迅、周作人、钱玄同、刘半农、沈尹默、高一涵、陶孟和、王星拱、张慰慈等。

在《新青年》同人中，鲁迅最怀念的是李大钊。鲁迅最初认识李大钊是在陈独秀邀请他去商办《新青年》的集会上。鲁迅后来回忆道："不知道他其时是否已是共产主义者。总之，给我的印象是很好的：诚实，谦和，不多说话。《新青年》的同人中，虽然也很有喜欢明争暗斗，扶植自己势力的人，但他一直到后来，绝对的不是。"①

李大钊被奉系军阀逮捕之后，鲁迅在 1927 年 4 月 2 日撰写了《庆祝沪宁克复的那一边》表示牵挂："忽而又想到香港《循环日报》上所载李守常在北京被捕的消息，他的圆圆的脸和中国式的下垂的黑胡子便浮在眼前，不知他现在怎么样。"②

李大钊壮烈牺牲后，鲁迅于 1933 年 5 月 29 日为他的遗著《守常全集》撰写《题记》。

鲁迅最感激的是陈独秀，他是催促鲁迅创作小说并结集出版"最着力的一个"。陈独秀在给周作人的信中，表示对鲁迅的小说"实在五体投地的佩服"。他希望重印周氏兄弟合译的《域外小说集》，并建议鲁迅把他在《新青年》和《新潮》上的作品"剪下自加订正"，结集出版。③

鲁迅去世之后，陈独秀撰写了《我对于鲁迅之认识》一文，指出周氏兄弟"都有他们自己独立的思想，不是因为附和《新青

---

① 鲁迅：《南腔北调集·〈守常全集〉题记》，《鲁迅全集》第 4 卷，人民文学出版社 2005 年版，第 538 页。
② 鲁迅：《集外集拾遗补编·庆祝沪宁克复的那一边》，《鲁迅全集》第 8 卷，人民文学出版社 2005 年版，第 196 页。
③ 《历史研究》1979 年第 5 期。

年》作者中的哪一个人而参加的，所以他们的作品在《新青年》中特别有价值，这是我个人的私见。鲁迅先生的短篇幽默文章，在中国有空前的天才，思想也是前进的"[①]。

跟鲁迅关系较为复杂的是胡适。

在办《新青年》时期，胡适留给鲁迅的印象是城府颇深。鲁迅曾将陈独秀与胡适进行过对比：

"假如将韬略比作一间仓库罢，独秀先生的是外面竖一面大旗，大书道：'内皆武器，来者小心！'但那门却开着的，里面有几枝枪，几把刀，一目了然，用不着提防。适之先生的是紧紧的关着门，门上粘一条小纸条道：'内无武器，请勿疑虑。'这自然可以是真的，但有些人——至少是我这样的人——有时总不免要侧着头想一想。"[②]

虽然如此，鲁迅与胡适当时还是彼此敬重、相互支持、协同作战的。鲁迅强调"改良思想是第一事"，就是为了矫正胡适"文学革命"理论有倾向于形式方面的偏颇。无意于当诗人的鲁迅勉力创作了六首白话诗，显然也是响应胡适挣脱旧体诗词镣铐的主张，为他擂鼓助阵。

在中国小说史研究领域，鲁迅与胡适更是交换资料，取长补

---

① 上海《宇宙风》十日刊，1937 年 11 月 21 日第 52 期。
② 鲁迅：《且介亭杂文·忆刘半农君》，《鲁迅全集》第 6 卷，人民文学出版社 2005 年版，第 74 页。

短。鲁迅的著名小说《孔乙己》就是经胡适之手编辑发表的。胡适直至晚年仍认为，鲁迅是《新青年》的一员大将，在社会上成为一种力量。

《新青年》同人中鲁迅最感亲近的是刘半农，主要原因是刘心地透明。据鲁迅日记记载，1918 年至 1919 年，他们来往就有四十余次。

1918 年的除夕之夜，刘半农又到了绍兴会馆，跟周氏兄弟把酒论文。风来树动，他们谈得酣畅淋漓。事后刘半农写了一首新诗《除夕》，发表在《新青年》第 4 卷第 3 号，成了这次雅聚的历史记录：

（一）

除夕是寻常事，做诗为甚么？

不当是除夕，当作平常日子过。

这天我在绍兴县馆里，馆里大树甚多，

风来树动，声如大海生波。

静听风声，把长夜消磨。

（二）

主人周氏兄弟，与我谈天——

欲招"缪撒"，欲造"蒲鞭"，

说今年已尽，这等事，待来年。

（三）

夜已深，辞别进城，

满街车马纷扰；

远远近近，多爆竹声。

此时谁最闲适？

地上只一个我，天上三五寒星。

这首诗里的"缪撒"通译为"缪斯"，希腊神话中主管文学艺术的"九艺女神"。"蒲鞭"原为日本杂志的一个专栏名称，刊登评论译文的文章，鞭策编译界的进步。刘半农跟周氏兄弟都有在《新青年》增设这类专栏的想法，希望来年灵感勃发，文风再振，继续推动新文化运动的车轮前行。

鲁迅认为新文化运动中的刘半农活泼、勇敢，打了几次大仗。其中最快人心的一仗是和钱玄同写双簧文章，"跳出鸳蝴派，骂倒王敬轩"。

1918 年 3 月 15 日，钱玄同化名"王敬轩"，将守旧派攻击新文化运动的观点用文言文写成一封长信，刊登于《新青年》第 4 卷第 3 号，说《新青年》诸君子"诋毁先圣，蔑弃儒书"，导致"士气嚣张，人心浮动，道德败坏，一落千丈"。而后，曾在鸳鸯蝴蝶派的刊物《红玫瑰》当记者的刘半农，以《新青年》记者的身份用白话文写了一篇长文，对"王敬轩"的厥词逐句逐段予以批驳。刘半农对守旧派的观点用"不学无术，顽固胡闹"进行概括，要他们把这八个字"生为考语，死作墓铭"。由于这篇答辩文章淋漓尽致地批驳了守旧派的陈腐观点，使新文化营垒舒了一腔闷气。

刘半农还有一个突出贡献，就是创造了一个"她"字，作为女性的人称代词；又创造了一个"它"字，以代称人以外的事物。他的这一创造沿用至今，丰富了中国语言文字的表达力。

而扮演"王敬轩"的钱玄同和鲁迅的交谊更深。正是在钱玄同的鼓励和敦促下，鲁迅创作了第一部现代白话文小说——《狂人日记》。

"狂人"的希望

北京宣武门外有一条僻静的胡同——南半截胡同，胡同里有一个僻静的小院——绍兴会馆的"补树书屋"。院中原有一株开着淡紫色花朵的楝树。后来楝树不知怎么被折断了，就又补植了一株槐树，"补树书屋"的名称由此而来。1918 年，这株槐树的横断面上已经出现了第 76 道年轮，在它两侧书房中度着漫漫长夜的鲁迅，也在人生的道路上经历了 37 个春秋。

此时的鲁迅，宽阔的额头上已经漾出了皱纹——这是历史倒转的车轮在他额上留下的辙印。

辛亥革命之后，胜利果实被篡夺，国家的情况一天比一天糟糕：1915 年 12 月 12 日，袁世凯称帝，做了 83 天的短命皇帝；1917 年 7 月，辫帅张勋又刮起了一阵妖风，把废帝溥仪从紫禁城抬出来，演了一出 12 天的复辟丑剧。

目睹这种"狐狸方去穴，桃偶已登场"的政局，鲁迅怀疑而又苦闷。在这种情绪的笼罩下，鲁迅埋头整理古籍，研究佛学，抄古碑，搜集金石拓片。那个弃医从文、预备改造国民性的热血青年，那个精神界战士，似乎有些沉寂和委顿了。

补树书屋有位经常手提大皮夹的胖胖的来客，他是鲁迅的老同学钱玄同。钱玄同在东京《民报》社听章太炎讲学时，常在榻榻米席上爬来爬去，被大家戏称为"爬翁"。

1915 年，钱玄同兼任北京大学中文系教授，1917 年秋参与《新青年》的编辑工作。《新青年》的赞同者和反对者均寥寥，他们这群人，如同奔驰于毫无边际的沙漠。在寂寞中，钱玄同想到了留日时期曾经慷慨激昂地提倡文艺运动的鲁迅，便敦促他为《新青年》撰稿。

在钱玄同的鼓励下，鲁迅感到旧社会虽然像一间"绝无窗户而万难破毁"的"铁屋子"，但只要惊起了里面较为清醒的几个人，就不能说绝没有毁坏这铁屋的希望。鲁迅处于冰结状态的火焰般的热烈的爱憎，以及原来储存的生活素材，如同火药一样，经钱玄同约稿这一导火线的触发，在时代沉重的迫压下，终于爆发出了灿烂的思想和艺术的火花。

鲁迅重新挥笔上阵，把笔锋对准了延绵数千年的"吃人"的封建礼教。

就在1915年，即《狂人日记》创作前三年，在鲁迅所住的绍兴会馆附近的宣外教场六条胡同就演出了"礼教吃人"的活剧。据当年2月9日北京《大自由报》报道："宣武门外教场六条胡同潘姓孀妇，年逾五旬，膝下无嗣，仅有一女，年届二八，尚未字人。近因母病甚重，医药调治无效，日昨病势剧增。该女万分焦灼，毫无善法，遂将右腿割肉一条，煎于药内……"

鲁迅的姨表弟阮久荪也是活生生的旧礼教的受害者。这个青年原是浙江法政专门学校学生，后来到山西一带游幕。他置身于官场中，看到人会怎样地骗人，怎样地卖友，怎样地吮血，痛感抱负得不到施展。他在一首题为《寄友》的五言律诗中写道："雨声连不断，春愁断复连；此时怀友意，何日诉君前。壮士容无地，诗家别有天；一灯孤榻里，相对抱书眠。"由于长期郁郁寡欢，阮久荪得了一种妄想症。他在幻觉中感到要迫害他的人撒下了天罗地网，必欲置他于死地而后快。1916年10月，他逃到北京，仍然觉得时刻有人追踪，经常流露出恐怖的神情，发出凄惨的喊叫。

　　史籍中屡见不鲜的封建礼教"吃人"的记载，以及现实中被旧礼教迫害的人们的惨状，像无数条光柱从四面八方射向鲁迅的心中，而后汇集到人的解放问题这个聚光点上。鲁迅运用"杂取种种人，合成一个"的典型化手法，孕育了一个既有狂人病理特征又有反封建精神特征的独特形象。鲁迅借助这个现实性与象征性互相渗透的双重色彩的人物，对封建家族制度和礼教的弊害进行了剔肤见骨的揭露。

　　中国现代文学史上的第一篇白话小说《狂人日记》，1918 年诞生于《新青年》第 4 卷第 5 号上。

　　"狂人"用他如炬的目光，透过在每页上都写着"仁义道德"几个字的历史，看到了字缝中隐藏着的"吃人"二字。"狂人"还用黄钟大吕般的声音发出了"将来容不得吃人的人活在世上"的愤怒警告，发出了"救救孩子"的呼号。

　　这篇题为《狂人日记》的小说，在形式上借鉴了俄国作家果戈理的同名小说，但内容远比果戈理的作品忧愤深广，像号角一样震醒了封建"铁屋子"里沉睡的人们，为中国新文学奠定了第一块基石。

　　继《狂人日记》之后，鲁迅又接连写出了《孔乙己》《药》《白光》等作品。1923 年，他将这些小说集为《呐喊》一书公开出版，意在用文艺作品为时代前驱者"呐喊"助阵。

　　最早为鲁迅赢得文坛声誉的虽然是小说，而鲁迅日后的作品又有力地证明了他具有纯熟驾驭各类文体的才能，但鲁迅选择的主要文学样式却是杂文。究其原因，无疑是杂文作为一种战斗的文体，更适于鲁迅的战士本色和中国社会的迫切需求。鲁迅将他作为哲人的睿智和作为诗人的激情全部融入杂文中。他既吸取了随笔形制简短、绵里藏针、微而显著、小而见大的特色，又借鉴了魏晋文章"清峻、通脱、华丽、壮大"的文风，特别是继承了魏晋文章的"骨力"，使杂文这种文体成为开展社会批评的利器，给封闭僵滞的旧中国注入了活力和生机。

由于五四新文化运动肩负着文学革命和思想革命的历史重任，鲁迅这一时期的杂文大多围绕这一时代主题展开，尤其是他对封建礼教和家族制度的批判，更为深刻犀利，具有内在系统性。

阿 Q 的诞生

1921 年 11 月 27 日晚，一位矮胖的年轻人来到了八道湾 11 号，敲开了前院一扇朝北的房门。迎出门的是刚搬来不到一周的鲁迅。

这位年轻人就是中国现代著名报人、编辑家孙伏园，鲁迅在山会师范学堂任教时的学生。当年孙伏园 27 岁，正在北京《晨报》主编副刊。1919 年他参与编辑《国民公报》时，就刊登过鲁迅的译文《一个青年的梦》。

北京《晨报》的前身是《晨钟报》，1916 年 8 月 15 日创刊，是以梁启超、汤化龙为首的改良派政团——进步党（后改为宪法研究会，又称研究系）的机关报。

1916 年上半年，李大钊从日本留学归国，汤化龙请他主编《晨钟报》。因与汤化龙意见不合，李大钊担任总编辑不到两个月就辞职了。

1918 年 9 月，北京有 8 家报纸（包括《晨钟报》）因披露段祺瑞向日本大借款的消息而遭封闭。同年 12 月，《晨钟报》改名为《晨报》继续出版，共出 2314 期，1928 年 6 月 5 日终刊。

《晨报》每份两张，共 8 版，其中第 7 版专载小说、诗歌、小品及学术演讲录等。1919 年 2 月 7 日，《晨报》改革了第 7 版，又吸收李大钊等参加编辑工作，使之成为宣传新文化运动和社会主义思想的重要阵地。

1920 年，孙伏园开始主编《晨报》第 7 版。1921 年 10 月 12 日，《晨报》第 7 版宣告独立，改出 4 开单张，由鲁迅命名为《晨报附刊》——考虑到是随《晨报》附送，故名。《晨报》总编辑蒲伯英当时对第 7 版的改革持支持态度，但在题写报头时却错把"晨报附刊"写成了"晨报副镌"。因此现存刊中的报头书"晨报副镌"四个字，在报眉上仍然沿用鲁迅所起的"晨报附刊"。①

孙伏园此番上门，就是请求鲁迅为《晨报附刊》每周一期的新栏目《开心话》写稿的。

鲁迅那时虽然居住条件很差，晚上睡在做通道的屋子里，只有一扇后窗，连好好写字的地方都没有，但他仍然答应了孙伏园的请求。

于是，在鲁迅的笔下，一个打杂的短工跃然纸上：赤背，赤脚，黄辫子，厚嘴唇，头戴一顶黑色的半圆形毡帽，那帽边翻起一寸多高。他有农民式的质朴，无知但也很沾了些游手之徒的狡猾。

他对一切新鲜事物都看不习惯，甚至看到学生们穿黑色袜子都火冒三丈，认为一定是"新党"。

他爱跟人打架，但总是吃亏；虽然脸上一块青，头上一块肿，却骂得很起劲，使围观的人反认为他是胜利者。

他常小偷小摸，并将偷来的东西变卖，有时卖鸡，有时卖铜火锅，有时卖古砖。辛亥革命时期，杭州光复，绍兴城防空虚，他在街上大嚷："我们的时候来了。到了明天，我们钱也有了，老婆也有了！"……

他叫阿Q，因为"Q"这个字样子好玩，就像阿Q后脑勺赘

① 孙伏园：《鲁迅先生二三事》，湖南人民出版社1980年版，第64页。

着的那条辫子。

鲁迅写阿Q干什么？真是为了让人们看《开心话》寻开心吗？

当然不是。

多年来，鲁迅一直在深刻观察分析中国社会，竭力探索中国人的灵魂。他感到中国人在默默地生长、萎黄、枯死，就像被压在大石底下的小草一样，已经长达四千多年了。他想勾画出这种沉默的国民的灵魂，揭出痛苦，引起疗救的注意。

古人云："知耻近乎勇。"画灵魂，目的是重铸国民的灵魂。而要重铸民魂，首先需要正视灵魂里的"毒气"和"鬼气"。

在提笔为阿Q作传之前，鲁迅曾读过美国传教士亚瑟·亨德森·史密斯（中文名叫明恩溥）写的一本书：《中国人气质》。早在留学日本的时候，鲁迅就读到了这本书的日文译本。译者涩江保，书名被译为《支那人气质》，东京博文馆出版。这本书的作者前后在中国居留了半个世纪，他通过观察、调查，以及阅读报纸、小说、民谣、戏剧，总结了中国人的一些优点，如节俭、勤劳、生命力强等，但更多的却是剖析中国人气质跟现代人性格不协调的部分。比如：他认为"面子"的观念是打开中国人许多最重要特性这把暗锁的钥匙，而所谓"面子"则包含有不重事实、只重形式的做戏的成分；另外，在人际关系中也"缺乏诚与爱"，例如衙役押送犯人时忘了戴脚镣，就轻易把犯人的手掌钉在大车上；即使在宗教崇拜中也缺乏诚，比如捐款修庙时，有的信徒只捐 250 个铜钱，在功德簿上却记上 1000 个铜钱的账。

鲁迅虽然认为史密斯对中国人的评价"错误亦多"，所谈的"中国人气质"也不包括全体中国人，但他希望国人，"看了这些，而自省，分析，明白那几点说的对，变革，挣扎，自做工夫，却不求别人的原谅和称赞，来证明究竟怎样的是中国人"[1]。

鲁迅在东京时就曾跟友人许寿裳谈论过民族国民性的问题。他们认为，之所以产生史密斯所说的国民"缺乏诚与爱"的现象，元、清两代奴于异族是重要的历史根源。做奴隶的人又何谈"诚与爱"呢？所以，要改良民族性唯一的办法就是革命。只有革命才能铲除奴隶根性。

在归国后的岁月里，鲁迅一直在思索疗治民族精神创伤的药方，以期实现早就立定的"立人"的文化纲领。而深刻解剖国民性，正是唤醒人们斗争、自救的基础。就这样，鲁迅塑造出了阿Q这样一个超越时空、超越地域的精神典型。

鲁迅笔下的阿Q是不幸的。

阿Q"真能做"，却没有固定职业，只给人家做短工：割麦便割麦，舂米便舂米，撑船便撑船。他没有片瓦寸土，长期寄居

---

[1]　鲁迅：《且介亭杂文末编·立此存照（三）》，《鲁迅全集》第 6 卷，人民文学出版社 2005 年版，第 649 页。

在一处祭祀土地神和五谷神的小庙——土谷祠。他说他原本姓赵，但因太穷，财主赵太爷认为他不配姓赵，于是他从此就被剥夺了姓氏。他快30岁了，还是光棍一条。阔人可以三妻四妾，被视为体面的事情，而他只因跪着向一位寡妇吴妈求爱，就被大杠子敲打，不但赔了钱，而且断了生路，只剩下一条万不可再脱的裤子。

阿 Q 这种想做奴隶而不得的境遇，使鲁迅深感悲哀。

然而身为奴隶的阿 Q 却不思反抗。他有一种不知从哪里来的意见，以为革命党便是造反，造反便是与他为难。进城时，他看过杀革命党的场面，回未庄后逢人便炫耀自己的见闻："你们可看见过杀头么？好看。杀革命党，好看。杀革命党。唉，好看好看……"他还扬起右手，在听得出神的王胡后颈脖上直劈下去："嚓！"

阿 Q 这种麻木的精神状态，又使鲁迅深感悲愤。

阿 Q 性格的核心是"精神胜利法"。所谓"精神胜利法"，就是用精神上虚幻的胜利掩饰现实生活中的失败。阿 Q 炫耀过去："我们先前——比你阔得多啦！"又幻想未来："我的儿子会阔得多啦。"唯独不正视自己不名一文、连老婆都娶不起的现实。阿 Q 明明被人揪住黄辫子，在壁上碰了四五个响头，却用"总算被儿子打了"来自宽自解，于是心满意足。他被人抢走了偶尔赌赢的钱，还挨了一顿乱打，于是自己抽自己两个耳光，似乎打人的是自己，挨打的是别人。这种自我分裂、自摧自戕的办法，又使他转败为胜，心满意足。在阿Q眼中，自轻自贱也是精神胜利的武器。欺侮他的人在打他之前，让他先说是"人打畜牲"，以防止他说"儿子打老子"。阿Q只好说："打虫豸，好不好，我是虫豸——还不放么？"他自认为是天下第一个能自轻自贱的人。但除了"自轻自贱"之外，余下的就是"第一个"。状元不也是第一个么？这种奇思妙想，又使他心满意足，久久陶醉于"第一个"的优胜之中。

最使鲁迅感到痛心的，是阿Q不但忌讳缺点，而且以丑骄人。

阿Q头上有癞疮疤，便忌讳别人说"癞"，推而广之，连"光""亮""灯""烛"都讳。别人拿他的生理缺陷取笑，阿Q便说："你还不配……"这时候，阿Q仿佛觉得他头上是一种光荣的标志，并非令人恶心的癞头疮了。

五四时期有一位叫林损的文人，写过一首题为《苦—乐—美—丑》的诗，其中有这样的句子："乐他们不过，同他们比苦！美他们不过，同他们比丑！"鲁迅认为，这种昏乱无赖的思想，能使人无可救药，成为万劫不复的奴隶。

不疗治阿Q式的精神状态，民族就不可能挣脱奴隶的枷锁。

从1921年底到1922年2月，《阿Q正传》连载了两个多月，在社会上引起了强烈反响。许多人都栗栗危惧，以为作品中的某一段就是骂自己，或者是在揭自己的隐私。

鲁迅创作《阿 Q 正传》，初衷"是在使读者摸不着在写自己以外的谁，一下子就推诿掉，变成旁观者，而疑心到像是写自己，又像是写一切人，由此开出反省的道路"①。显然，这一目的达到了。

评论界几乎众口一词地对这部作品给予高度评价。

茅盾认为，《阿 Q 正传》实是一部杰作。阿 Q 这个人物，既是中国人品性的结晶，又概括了人类普遍弱点之一种，读后使人想起俄国冈察洛夫笔下的奥勃洛莫夫。

周作人指出，阿 Q 这类人物在现实生活中既不存在而又到处存在，作品中多用反语，即所谓冷的讽刺——"冷嘲"，其笔法受到了俄国果戈理、波兰显克维奇和日本夏目漱石、森鸥外等作家影响。

胡适则一言以蔽之：鲁迅的短篇小说，从四年前的《狂人日记》到最近的《阿 Q 正传》，虽然数量不多，但差不多没有不好的。

在鲁迅生前，《阿 Q 正传》已经被译成日、法、俄等国文字，而且受到了法国文豪罗曼·罗兰的好评。《阿 Q 正传》发表五年后，1926 年 1 月 12 日，罗曼·罗兰郑重地向法国文学刊物《欧

---

① 鲁迅：《且介亭杂文·答〈戏〉周刊编者信》，《鲁迅全集》第 6 卷，人民文学出版社 2015 年版，第 150 页。

罗巴》主编推荐这篇小说，毫不吝啬地表达了自己的赞美：

> 作者是当今最优秀的中国小说家之一……故事是写一个
> 不幸的乡下佬，一个半游民。他很可怜，遭人瞧不起，也确
> 实有点叫人看不起；然而他很达观，且自鸣得意（因为，当
> 人在生活漩涡的底层被任意摆布时，总得找点得意事的）！
> 他最后在大革命中糊里糊涂被枪决了。他当时唯一感到难过
> 的是，当人家要他在判决书下面画押（因为他不会签字）
> 时，他的圈儿没有圆。这篇小说是现实主义的，初看似显平
> 庸；继之就会发现一种了不起的幽默；待到把它读完，你就
> 会吃惊地感到，你被这个可怜的怪家伙给缠住了，你喜欢
> 他了。①

没过几天，《阿Q正传》译者敬隐渔致信鲁迅，进一步转述
罗曼·罗兰的评价：

> 这是一篇富于讽刺的现实主义杰作，初看似乎平淡无
> 奇，可是，接着你就发现其中含有辛辣的幽默。这篇作品，
> 使人感到中国的巨大身躯一方面在麻木地沉睡，另一方面又

---

① 罗曼·罗兰 1926 年 1 月 12 日致《欧罗巴》主编巴扎尔什特信，转引自马为民：《罗
曼·罗兰与〈阿Q正传〉及其他》，《鲁迅研究月刊》1995 年第 5 期，第 39 页。

在痉挛中骚动。主人公阿 Q 是很生动感人的形象……读完这篇小说，我曾经被感动得流下泪来。阿 Q 的苦痛的脸，深刻地留在我心上。有许多欧洲人不理解阿 Q，当然更不会理解鲁迅创造阿 Q 的心。其实，在法国大革命时期，也有类似阿 Q 的农民。①

阿 Q 这一形象，随着各种语言译本的出现，进入了世界文学著名典型人物的画廊。鲁迅的作品插翅翱翔，飞向五洲四海，鲁迅也成了无可争议的世界级作家。

---

① 敬隐渔 1926 年 1 月 24 日致鲁迅信，手稿，鲁迅博物馆藏。

结

语

身内的青春与身外的青春

少年、青年、中年、老年的划分，会随着社会政治、经济、文化环境的变化而不断调整。联合国曾于 1985 年将 15 岁至 24 岁的人划为青年范畴；而到了 2017 年，世界卫生组织把"青年"的上限划定在 44 岁。

鲁迅诞生于 1881 年 9 月 25 日，他 44 岁那年，是 1925 年。

那么，鲁迅的青年时期，给我们留下了多少文化遗产呢？据中国社会科学院文学研究所近代文学组编撰的《鲁迅著译系年》，从 17 岁撰写《戛剑生杂记》算起，鲁迅青年时期留下的或长或短的不同体裁作品（包括译文）约有 400 余篇，其中包括他 30 岁撰写的文言小说《怀旧》、37 岁发表的《狂人日记》、41 岁发表的《阿 Q 正传》。鲁迅小说集《呐喊》《彷徨》《故事新编》和杂文集《坟》《热风》《华盖集》中的不少经典之作都是在他青年时代创作的。也就是说，鲁迅在青年时期已经奠定了他作为中国新文化运动旗手、中国现代文学革命先驱、世界级文学家的地位。39 岁那年鲁迅登上北京大学的讲坛，他的讲稿《中国小说史略》成为中国小说研究史的开山之作，以致在当下的"国学热"中，鲁迅也进入了国学大师的行列。

1925 年元旦，44 岁的鲁迅写下了新年抒怀的散文诗《希望》。他感慨自己青春的流逝："我大概老了。我的头发已经苍白，不是很明白的事么？"但那只是纯属个人的身内的青春；鲁迅认为还有另一个青春，那是身外的青春，属于同时代的青年人。鲁迅写道："我早先岂不知我的青春已经逝去了？但以为身外的青春固在：星，月光，僵坠的蝴蝶，暗中的花，猫头鹰的不祥之言，杜鹃的啼血，笑的渺茫，爱的翔舞……"①

身外的青春，正是"希望"之所在！他希望青年人朝气勃勃，而不能暮气沉沉；有一分热，发一分光，而不必等待炬火。如果青年人都寂寞了，那他觉得自己连身外的青春也都逝去了。

是的，鲁迅挚爱青年，寄望于青年。鲁迅有句名诗，"俯首甘为孺子牛"，其中"孺子"可以宽泛地理解为民众，但准确讲首先指的是青年。

鲁迅出生于中国沦为半殖民地半封建社会的年代。1894 年，鲁迅 13 岁时，中日甲午战争爆发，翌年清政府跟日本签订了丧权辱国的《马关条约》，使鲁迅切身感受到了作为弱国子民的屈辱。

为振兴中华，革命先行者孙中山领导了辛亥革命，推翻帝制，并于 1912 年建立了中华民国。鲁迅希望新的政治制度能给中国带来希望，感到民国初年的氛围的确比腐败的清王朝光明得多，以为从此可以"纾自由之言议，尽各人之天权，促共和之进行，尺政治之得失，发社会之蒙覆，振勇毅之精神"②。然而，接连出现的袁世凯称帝、孙勋复辟等逆流闹剧，使鲁迅"看来看

---

① 鲁迅：《野草·希望》，《鲁迅全集》第 2 卷，人民文学出版社 2005 年版，第 181 页。
② 鲁迅：《集外集拾遗补编·〈越铎〉出世辞》，《鲁迅全集》第 8 卷，人民文学出版社 2005 年版，第 42 页。

去，就看得怀疑起来，于是失望，颓唐得很了"①。

任何人在奋斗的过程中，都可能经历一时的苦闷，短暂的彷徨，由希望而绝望，由积极而颓唐……难能可贵的是，鲁迅经过严格的自省、灵魂的搏斗、艰辛的求索，终于能够用光明搏击暗夜，用希望战胜绝望。他像《秋夜》中的枣树，即使受到皮伤，仅存树干，仍然会默默地铁似的直刺着奇怪而高的天空；他像《过客》中的那位行者，黑须乱发，衣衫破碎，脚早已走破，有许多伤，流了许多血，仍然要在似乎没有路的荆棘丛中走出一条路来；他更像《这样的战士》中的那位投枪手，面对披着各式伪装、扛着各种漂亮旗帜的敌人，举起了投枪。不克厥敌，战则不止。

促使鲁迅上下求索、永不休战的动力是什么？一言以蔽之：爱国。爱国表现为对国家有认同感、尊严感、荣誉感，表现为对民族有自尊心、自信心。22岁的鲁迅在《中国地质略论》中发自肺腑地赞叹："吾广漠美丽最可爱之中国兮！而实世界之天府，文明之鼻祖也。""中国者，中国人之中国。可容外族之研究，不容外族之探捡；可容外族之赞叹，不容外族之觊觎者也。"他尝试探寻一条科学救国的道路，力图将"科学"与"爱国"结合在一起。在日俄战争期间，他深感"凡是愚弱的国民，即使体

---

① 鲁迅：《南腔北调集·〈自选集〉自序》，《鲁迅全集》第4卷，人民文学出版社2005年版，第468页。

格如何健全，如何苗壮，也只能做毫无意义的示众的材料和看客"，终于弃医从文，以"精神界之战士"现身。所以，鲁迅无论是选择"科学救国"的道路，抑或选择"精神救国"的道路，引导他不断探寻真理之路的始终是爱国主义。

中国传统文化中一个最珍贵的思想就是"民为邦本，本固邦宁"。爱国，首先要挚爱在这块土地上生存繁衍、生生不息的百姓。鲁迅毕其一生，都在为劳苦大众的生存、温饱与发展而呐喊。他补充说道："我之所谓生存，并不是苟活；所谓温饱，并不是奢侈；所谓发展，也不是放纵。"[1]鲁迅身上值得青少年学习的地方很多，但归根结蒂，首先应该弘扬的还是鲁迅"我以我血荐轩辕"的爱国精神，"俯首甘为孺子牛"的爱民精神。

鲁迅之所以挚爱青年，寄希望于青年，这跟他炽热的爱国主义情感是一脉相承的。因为青年是国家的希望、民族未来。鲁迅认为，在中国改革绝不可缓，否则中国就会失去了世界，中国人要从"世界人"中挤出，这是使他感到"大恐惧"的事情。[2]然而在旧中国，要进行哪怕是点点滴滴的改革都十分艰难，因为必然要跟积习发生抵触，不可能一个筋斗便告成功，而必须经过一代接一代人的

---

[1]　鲁迅：《华盖集·北京通信》，《鲁迅全集》第3卷，人民文学出版社2005年版，第54—55页。

[2]　鲁迅：《热风·随感录三十六》，《鲁迅全集》第1卷，人民文学出版社2005年版，第323页。

努力。改革的成败终究取决于青年！中国的明天终究取决于青年！

鲁迅对青少年有什么期盼？

1919年10月，38岁的鲁迅虽然还未成为父亲，但他却写出了一篇著名的杂文《我们现在怎样做父亲》，希望青少年能"有耐劳作的体力，纯洁高尚的道德，广博自由能容纳新潮流的精神"。这句话，包含了鲁迅对青少年体格、道德和思想方面的诸多期待。

道德是立人之本。新文化运动提倡"人我两利""自利利他"的新伦理、新道德，但在天平的两端，"人"和"我"往往无法做到绝对均衡，天平难免会向一边倾斜。鲁迅崇尚的道德境界是"损己利人"，就像《为了忘却的记念》中的柔石烈士那样，"无论从旧道德，从新道德，只要是损己利人的，他就挑选上，自己背起来"。鲁迅在给许广平的信中说："我先前何尝不出于自愿，在生活的路上，将血一滴一滴地滴过去，以饲别人，虽自觉渐渐瘦弱，也以为快活。"[①] 这就是"损己利人"的生动体现。当然，这并非对一切人的要求，也不是人人都能到达的境界，但鲁迅却通过自己的身体力行，给青少年做了榜样。

"广博自由能容纳新潮流的精神"，也就是鲁迅倡导的"拿来主义"精神。青少年要容纳新潮，就必须与时俱进，对古今中外

---

① 鲁迅：《两地书·九十五》，《鲁迅全集》第11卷，人民文学出版社2005年版，第253页。

一切有利于中华民族复兴的知识广采博览，就像蜜蜂酿蜜之前，必须采集百花，而不能只叮在一朵花上。容纳新潮，也必须进行独立思考，比较鉴别，咀嚼消化，化为自己的血肉，不能让自己的头脑变成别人的跑马场。鲁迅借《狂人日记》中"狂人"之口发出了"从来如此，便对么"的声音，提倡的就是一种科学的怀疑精神，既不是迷信盲从，也不是怀疑一切，历史虚无。

"耐劳作的体力"指的是良好的体质。鲁迅希望中国青少年朝气蓬勃，轩昂活泼，那就要以健壮的体格为基础。鲁迅在南京求学期间就经常骑马，留学日本时期也学过柔道。但鲁迅因过于操劳，熬夜时抽烟过度，导致肺部病情加剧，55 岁就辞世了。1936 年 6 月 5 日，宋庆龄在一封敦促鲁迅就医的信中诚恳地写道："你的生命，并不是你个人的，而是属于中国和中国革命的！！！为着中国和革命的前途，你有保存、珍重你身体的必要，因为中国需要你，革命需要你！！！"可惜，鲁迅以令人痛悼的方式，为青少年上了这堂生命课。

鲁迅去世后，广大读者为鲁迅举行了盛大的"民众祭"，并为他敬献了题有"民族魂"的锦旗。不少青少年在鲁迅墓前宣誓："先生，没有死；青年，莫彷徨！花谢，种子在，撒播在青年的脑海。"

鲁迅虽然去世了，但一代接一代的青年看着鲁迅的精神背影奋然前行。

这就是薪火相传，名副其实的后浪推前浪。